"十二五"职业教育国家规划立项教材

公共关系写作

Gonggong Guanxi Xiezuo

商务助理专业

张金英　主编

高等教育出版社·北京

内容简介

　　本书是商务助理专业"十二五"职业教育国家规划立项教材，依据教育部商务助理专业教学标准，结合商务助理等文秘类岗位实际工作与商务助理专业教学要求编写而成。

　　本书共分 5 个项目，即信息传播、活动策划、交际礼仪、形象塑造和危机管理中的公共关系写作，下设 21 个任务，介绍了公共关系写作的基础知识。每个任务均设有任务目标、任务描述、任务情景、任务分析、任务实施、知识平台、例文赏析、拓展训练和任务评价 9 个模块，以学生为主体，让学生在不同的任务情景中学习，提高学生的学习效率。

　　本书可作为职业院校商务助理等文秘类专业的教材，也可作为相关从业人员培训、自学参考用书。

图书在版编目（ＣＩＰ）数据

　　公共关系写作/张金英主编．--北京：高等教育出版社，2018.11

　　"十二五"职业教育国家规划立项教材．商务助理专业

　　ISBN 978-7-04-050262-6

　　Ⅰ．①公…　Ⅱ.①张…　Ⅲ.①公共关系学-应用文-写作-中等专业学校-教材　Ⅳ.①H152.3

　　中国版本图书馆 CIP 数据核字（2018）第 169478 号

策划编辑	薛　尧	责任编辑	薛　尧	特约编辑	董梦也	版式设计	马　云
责任校对	刘丽娟	责任印制	尤　静				

出版发行	高等教育出版社	网　　址	http://www.hep.edu.cn
社　　址	北京市西城区德外大街 4 号		http://www.hep.com.cn
邮政编码	100120	网上订购	http://www.hepmall.com.cn
印　　刷	廊坊十环印刷有限公司		http://www.hepmall.com
开　　本	787 mm×1092 mm　1/16		http://www.hepmall.cn
印　　张	8		
字　　数	190 千字	版　　次	2018 年 11 月第 1 版
购书热线	010-58581118	印　　次	2018 年 11 月第 1 次印刷
咨询电话	400-810-0598	定　　价	17.20 元

本书如有缺页、倒页、脱页等质量问题，请到所购图书销售部门联系调换

前　言

本书是"十二五"职业教育国家规划立项教材，依据教育部商务助理专业教学标准，结合商务助理岗位实际工作与专业教学要求编写而成。

在公共关系活动中，人们需要具备各种基本文种的写作能力，以便开展各类公共关系活动，编写一本富有时代特色的、实用的公共关系写作指导用书具有重要价值。本书以公共关系活动"四环节"工作过程为思路，运用教学改革的项目式结构，打破以往的章节形式，以任务为教学单位，以培养学生技能为导向，通过实施目标、任务驱动的教学方式，以"任务目标""任务描述""任务情景"为导引，采用"任务分析""任务实施""知识平台""例文赏析""拓展训练""任务评价"的教学过程，教授公共关系写作基础知识。避免传统"满堂灌"的单向教学模式，始终以学生学习为主体，以提高学生的学习效率为基本目标，通过学习典型案例，使学生了解相关的知识背景，能够独立地分析相关事例，采取科学、客观的方法处理相关的问题，提高判断力、洞察力和培养创造力。

本书安排108学时，教学中可根据实际需要作适当调整。

教学学时建议表

项　目	学　时
绪论	1
项目一　信息传播	24
项目二　活动策划	18
项目三　交际礼仪	24
项目四　形象塑造	18
项目五　危机管理	18
考核、机动	5
合　计	108

本书由杭州市职业技术教育研究室张金英担任主编，杭州市职业技术教育研究室王琛和杭州市旅游职业学校鲍虹担任副主编，参加编写的还有杭州市旅游职业学校郭春立、章微微，杭州市人民职业学校康其红。

由于编者水平有限，本书中如有不妥之处，敬请提出宝贵的意见和建议，我们将不断改进和完善。

编　者
2018年4月

目　录

绪 论

一、公共关系与写作

公共关系已从原先的单一运作方式发展为综合化全方位的服务方式。除了常规的信息交流、沟通协调、活动策划外，整合传播、品牌推广、危机管理、调查分析、企业形象设计、企业发展咨询等已成为公共关系新的工作内容。

随着大批专业的公共关系机构的兴起，公共关系的服务范围已拓展到多个领域。在这些领域的服务中，从业人员都需要具备一定的写作知识和写作技能。公共关系写作包括公共关系工作中用到的所有文体写作的知识和技能。从这一意义上说，公共关系写作所涉及的很多文体，就和其他写作（如公文写作等）中涉及的文体基本没有区别，但公共关系写作中的相关文体是为公共关系这一总体目标服务的，它的表现内容、文字风格等，都以公共关系工作的性质和特定目标为基本前提。

二、公共关系写作的特点

1. 功能实用性

公共关系写作旨在教授公共关系写作知识与培养写作技能，使学习者熟练掌握公共关系工作中各种文种、文案的写作，其根本目的是处理、解决工作中的问题，起到公共交际、沟通联络的作用，以及适应相关工作岗位的需要。

2. 内容真实性

真实性是公共关系写作的重要特点，所有的公共关系写作都是为了解决工作中的实际问题。在写作过程中要严格遵守国家方针政策、法规条文等，涉及人名、地名、数据等细节，均需仔细核查，确保准确无误，切不可弄虚作假。

3. 文字朴实性

公共关系写作类似于公文写作，不需要华丽的文辞，只要能用简明扼要的语言、朴实的文字把内容表述清楚即可。滥用形容词、抒情语句会使文稿偏离其自身所应有的规范性，从而变得不伦不类。

三、公共关系写作的意义

在我国，公共关系在市场经济中发挥和产生着越来越重要的作用和影响。同时，公共关系工作的创造性、挑战性对人才有较高的要求。要成为一名合格的公共关系从业者，应具备多方面的条件，其中一条就是应具备公共关系写作知识和技能。

随着我国公共关系工作专业化进程的加速，公共关系写作能力对于一名合格的从业人员来说日益重要。公共关系行业从业人员的工作性质，决定了他们必须能熟练地撰写通知、活动新闻稿、活动策划书、调查研究报告，乃至危机管理方案等一系列文案，否则就不能有效地开展公共关系工作。对于一些专业公共关系机构来讲，能否提供好的文案，有时甚至是决定成败的关键。

四、学习公共关系写作的方法

1. 多写多练

写作作为一项技能，必须在坚持不懈的写作实践中不断提高。

2. 提高专业水平

公共关系学是一门非常专业的学科，公共关系工作更是专业性很强的工作，作为公共关系从业人员，只有以公共关系工作为基础，提高公共关系的专业水平，才能写出与公共关系工作相联结的、具有专业性的文稿。

3. 提高自身综合素质

一篇好的文稿，不仅在于格式正确、文字通顺，没有错别字或病句，还需要有较强的逻辑性和充实的内容。因此，公共关系从业者除了要阅读公共关系写作书籍外，还要提高个人的综合素质。首先，要学习训练哲学思维的方式和方法，用科学的逻辑思维观察问题和思考问题；其次，要关心政治、经济、文化、历史、社会等各方面知识及其现实变化，并从中培养自己良好的市场敏锐度。

项目一　信息传播

任务一　消　息

任务目标

知识目标：掌握消息的写作方法与结构。

技能目标：能熟练地拟写消息。

任务描述

在公共关系活动中，我们必须掌握利用各种大众传播媒介传播各种信息的技能。消息，是新闻稿中最常见的类型。公共关系人员通过公布有新闻价值的消息，可以快速、广泛地传递组织最新的信息，达到宣传组织的目的。通过学习本任务，我们要学会拟写消息。

任务情景

王丽是一名刚毕业的中职生。日前，她被聘任为××传媒有限公司的公关专员（实习生）。

该公司是中国领先的数字化媒体集团，业务覆盖了中国超过 3 亿的都市主流群体，以独创的商业模式赢得了业界的高度认同。近日，年度中国创新营销大奖在北京隆重揭晓。××传媒有限公司的产品荣获"2014 年度创新营销整合传播全场大奖"。"2014 年度最佳行业创新营销案例奖"等多项大奖。

因为××传媒有限公司荣获多项大奖，公司将在企业网上发布一则消息，与全体员工共同庆贺，王丽接到了为公司起草相关消息的任务。

任务分析

王丽要写好这篇消息，首先，要在日常工作中注意收集新闻素材，只有这样，在接受任务时才能做到胸有成竹；其次，分析并找出拟写这则消息时应包含的要点，选择正确的结构与写法；最后，将掌握的内容整合成一篇完整的消息，并进行适当的修饰润色，做到格式正确、语言简洁、重点突出。

任务实施

消息的结构是：标题、导语、正文、背景、结尾。

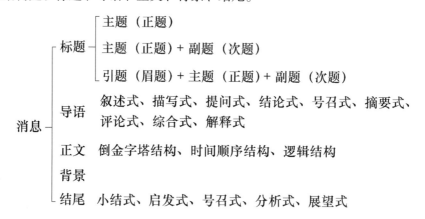

1. 标题

标题是新闻的眼睛，拟写得好，可以吸引读者；拟写得差，一篇好新闻就会被埋没。因此，标题有着向读者推荐的作用。消息的标题必须简明、准确地概括内容，帮助读者快速理解消息的内容。

引题，揭示新闻的思想意义或交代背景、说明原因、烘托气氛；主题，概括与说明主要事实和思想内容；副题，提示报道的事实结果，或作为内容提要。

2. 导语

导语是指一篇新闻的第一自然段或第一句话。它是用简明生动的文字，写出新闻中最主要、最新鲜的事实，鲜明地提示新闻的主题思想。导语要求抓住事情的核心，能吸引读者看下去。因此，在拟写导语时可主要采用以下形式。

（1）叙述式。用摘录或综合的方法，把消息中最新鲜、最主要的事实简明扼要地写出来。这是最常用的导语写作形式。

（2）描写式。对消息的主要事实或某一有意义的侧面做简洁朴素而又有特色的描写，以制造阅读气氛。

（3）提问式。先揭露矛盾，鲜明地、尖锐地提出问题，再做简要的回答，引起读者的关注和思考。

（4）结论式。把结论写在开头，提示报道某一事物的目的或意义。

（5）号召式。提出号召，给读者指明方向或目标。

3. 正文

正文是消息的主干部分，它紧接导语之后，对导语做具体全面的阐述，具体展开事实或进一步突出中心，从而写出导语所概括的内容，表现全篇消息的主题思想。正文的结构形式主要有以下三种。

（1）倒金字塔结构。即按新闻事实的重要性，由重到轻的顺序依次排列。

（2）时间顺序结构。即按时间的顺序叙述事实。

（3）逻辑结构。即按某个事物与其他事物的相互关系安排顺序。

4. 背景

消息背景，指事件的历史背景、周围环境、产生原因及与其他方面的联系等。写消息有时要交代背景，目的在于帮助读者深刻理解消息的内容和价值，起到衬托、深化主题的作用，也就是回答五个"W"中的 Why（为什么）。背景一般穿插在文章当中。

5. 结尾

消息的结尾有小结式、启发式、号召式、分析式、展望式等，有时也可自然收尾，不写结尾。消息的结尾要别开生面，但千万不要画蛇添足。

 知识平台

一篇完整的消息必须包含五要素：When（何时）、Where（何地）、Who（何人）、What（何事）、Why（何故）。有的还补充了一个要素：How（如何）。

五个 W 和一个 H 中，最主要的是 What（何事）、Who（何人）。

1. 新闻的概念

新闻是对新近发生或发现的有社会意义的能引起广泛兴趣的事实的及时报道和传播。

广义的新闻包括消息、通讯、特写、新闻评论等，是报纸、广播、电视等媒体中常见的报道体裁。狭义的新闻专指消息。

2. 新闻的特点

（1）真实性。新闻所表现的必须是现实生活中真实发生、客观存在的事实。这是新闻写作的基本要求，也是新闻报道的根本原则，是新闻的生命。

（2）新鲜性。新闻是对事实的反映，但并非任何事实、任何信息都能成为新闻。新闻必须是新鲜的所见所闻。新闻的"新"包含内容的"新"和时间的"新"两方面。内容的"新"即要有新意；时间的"新"就是要及时。

（3）及时性。及时性是保证新闻新鲜性的根本前提。因此，对有新闻价值的事实要发现快、采访快、写作快。

（4）简短性。新闻应言简意赅、短小精悍。

3. 新闻的分类

（1）动态性新闻。这类新闻可以迅速、及时地报道国内外新近发生的重大事件，或报道新人新事、新气象、新成就、新经验等。动态新闻中有不少是简讯（短讯、简明新闻），内容单一，文字精简，常常一事一讯，只有几行文字。

（2）综合性新闻。指综合反映带有全局性情况、动向、成就和问题的新闻。其信息量大，背景材料丰富。

（3）典型性新闻。是对某一典型经验、成功做法或典型人物、事件等的集中报道，用以带动全局，形成示范效应。

（4）新闻述评。它除具有动态新闻的一般特征外，还兼有新闻评论的功能和作用。记者述评、时事述评就是其中的两种。

 例文赏析

中国扶贫基金会携手××传媒向灾区儿童送出六一爱心礼物

2010年6月2日成都商报讯　近日，汶川映秀小学、绵阳平武白草小学、绵阳平武白鸭小学的孩子们收到了一份特殊的六一礼物：一个装满学习用品和生活用品的爱心包裹。

今年4月12日，中国扶贫基金会携手××传媒有限公司等企业共同发起2010年爱心包裹项目，向全国贫困地区、灾区的小朋友送去一份特殊的六一礼物。截至5月26日，爱心包裹的受益面已覆盖了青海玉树、四川汶川等地震灾区，以及西南旱区、全国其他贫困地区。现已有26个省63个项目县的23万小学生收到爱心包裹。其中，玉树灾区的所有小学生、西南旱灾中受灾极为严重的12个县的小学生，以及新疆、西藏等少数民族或贫困边远地区的小学生都收到了爱心包裹。

××传媒有限公司副总裁嵇先生表示，对贫困地区、灾区的孩子来说，生活让他们饱尝艰辛。爱心包裹这份特殊的礼物不仅给他们送去了物质上的帮助，也给他们带去了精神上的关爱和鼓励。

为了使更多的人参与到这项长期的公益行动中来，××传媒有限公司自四月下旬起便充分调用北京、上海、广州、深圳等一线城市的媒体网络资源展开宣传，在受众中引发了很大反响，同时在成都、重庆、昆明、西安、济南等多个二、三线城市也展开了爱心包裹公益广告的高频次刊播，通过××传媒平台的传播，更多的人参与到了爱心包裹公益行动中。

拓展训练

1. 请将"例文赏析"中的消息标题改写成主题（正题）+副题（次题），或引题（眉题）+主题（正题）+副题（次题）的形式。

2. 请将"例文赏析"中的消息导语改写成结论式。

3. 根据下列新闻拟写一条导语（不超过50个字）。

××传媒情系西南千里送水

导语：_____

_____

_____

旱情发生后，××传媒携手中华思源工程扶贫基金会发起"思源——甘泉"行动，号召社会向西南旱区捐赠爱心水窖。目前，已经募集救灾善款474万元，认捐水窖1582个。××传媒携手中国红十字会总会发起的"红十字送水行动"也积极展开，北京、上海、广州、深圳、成都、南京、杭州、武汉等50多个城市的××媒体网络高频次刊播的抗旱救灾公益海报在受众

中引发了极大的反响，越来越多的人开始关注西南旱区灾情，并参与救灾行动。

此次××传媒先期向云南弥勒地区捐助的50万瓶饮用水是××传媒全体员工为灾区所献出的一份绵薄之力，××传媒将继续关注灾情进展，并协助有关部门进行救灾宣传活动。

4. 请结合学校开展的运动会，拟写一篇消息。

 任务评价

消息拟写评分表

评价项目	评价要点	分值	自评	师评
内容	要素齐全	20		
	具有新闻价值	10		
结构	标题简要、突出、吸引人	10		
	导语简洁、准确	20		
	主体内容完整、清晰，可读性强	20		
	背景起到一定的衬托作用	10		
语言	语句通顺，无错别字，标点符号正确	10		
总 分		100		

任务二 海 报

任务目标

知识目标： 掌握海报的写作方法与结构。
技能目标： 能熟练地撰写海报。

任务描述

在公共关系活动中，海报是一种招贴式的信息传播工具，是传递信息必不可少的手段之一。无论是针对企业内部员工的海报，还是针对企业外部公众的海报，都必须以一种简洁、具象、独特的方式将信息传递给受众。通过学习本任务，我们应掌握撰写海报的技能。

任务情景

最近，××传媒有限公司新入职了很多员工，为了搭建起新老员工的交流平台，给新员工更多展示自我的机会，同时丰富公司员工的业余活动，增强公司凝聚力，公司决定举办一场内部跳绳比赛。公关专员（实习生）王丽今天一上班就接到任务，要求她为这次跳绳比赛拟写海报，以鼓励大家踊跃参加。

任务分析

要写好海报，首先，要知道海报的结构框架及各部分的拟写方法；其次，应根据本次活动的具体安排，明确每一部分的内容及写法；最后，要对海报进一步修改、润色，以达到格式正确、要素完整、醒目突出的要求。

任务实施

海报的结构是：标题、正文、结尾、落款，以及整体创意和美术设计。海报的美术设计，要求形式灵活多样、新颖独特。

海报
- 标题 "海报"直接做标题或以活动内容拟标题
- 正文 活动具体内容
- 结尾
- 落款 单位名称和日期

1. 标题

海报的标题是主题和内容的焦点。海报的标题有三种形式：

第一种是直接用"海报"做标题。

第二种是根据活动内容拟定标题。比如"×××汽车展""×××菊展"。

第三种是间接性标题与直接性标题相组合的标题。间接性标题概括活动的主题、主旨，直接性标题揭示活动的内容。比如"我的中国梦——名家世纪书画作品展"。组合性标题生动、新颖、独特，能迅速吸引受众的关注，吸引公众参与，实现理想的信息传递的目标。

总之，海报的标题必须醒目、简洁、新颖。

2. 正文

海报的正文要用简洁的文字写清楚活动内容、时间、地点、参加办法等。正文部分因海报的种类不同而不同，可以包括以下两项内容。

（1）活动内容。在这部分内容中要明确活动的种类（演出、报告、比赛等）。另外，还要简要交代活动的具体情况。比如比赛的球队名称、演出的剧种名称、报告会的内容和做报告人的姓名职务、展览会的主题和内容，等等。

（2）活动相关信息。交代举行活动的时间、地点、票价等信息。时间、地点要写得详细具体，准确清楚。比如时间应具体到几点几分，地点要准确到具体的场地名称。必要时还要标出乘车路线。如果活动属于收费性质，应准确标明票价。为了更好地吸引和动员公众参与，有的海报还配有一些说明性文字。

正文部分的文字可根据版面的大小设计格式、字体和文字位置，以清晰、美观为标准。

3. 结尾

海报可以有结语，在正文之后另起一行，书写"欢迎参加""机不可失"等，也可不写。

4. 落款

结语之后另起一行写落款部分：主办单位、承办单位、协办单位名称。在单位名称下面一行书写海报的张贴日期。

 知识平台

1. 海报的概念

海报是在一定范围内向公众报道或介绍有关戏剧、电影、比赛、报告会、展销等活动或商品信息的一种招贴式应用文。

海报的名称最早出现于上海。那时，人们习惯把职业性的戏剧演出叫作"海"，而把从事职业戏剧表演称为"下海"，那些作为演出剧目信息的具有宣传性的招贴物就被叫作"海报"。

2. 海报的特点

海报具有商业性、宣传性、艺术性和灵活性的特点。

3. 海报的形式和分类

随着科学技术的发展，现代化技术的应用，海报制作越来越突出创意，形式上也由过去单一的文字发展为图文并茂、大胆创新。

根据宣传内容的不同，海报大致可以分为以下四类。

（1）文艺类海报。文艺类海报主要是指告知电影、戏剧、文艺演出和大型公众综艺活动的信息海报。

（2）体育类海报。体育类海报主要是指介绍体育赛事和活动的海报。

（3）报告类海报。报告类海报主要是指告知举办各种讲座，学术报告、英模报告，政治形势、国际形势报告等内容的海报。

（4）展销类海报。展销类海报主要是指告知公众各种展览活动的海报。比如商品展销、科普展览等。

4. 海报的创意与设计形式

海报的宣传性及海报文体的特殊性，决定了海报的创意和内容必须在一瞬间留给人们深刻的印象，让人愿意深入了解海报的全部内容，这要求海报既要重宣传又要重设计美感，还要关注内容的吸引力。

海报在某些方面与广告有相似之处，又像是电影、戏剧等宣传画，如今海报越来越注重美观。但是，海报与广告又存在不同，海报的特点重在告知和宣传；广告除了宣传外，目的重在营销。虽然两者都很注重创意和设计，但海报较广告更随意。

海报可以是设计精美的艺术宣传招贴，也可以写在大小不等的纸上进行张贴，既可以用质量不错的展板设计制作，也可以用黑板写清楚告知的内容。重要的海报需要通过报刊、网络、电视台等媒体进行宣传。有一点特别要注意，那就是：海报必须醒目。

 例文赏析

三人篮球友谊赛

小鲜肉队　VS　腊肉队

对抗激烈　扣人心弦

时间：9 月 15 日 15 时

地点：本公司体育活动室

××传媒有限公司工会

2017 年 9 月 10 日

 拓展训练

1. 请你给××传媒有限公司工会拟写跳绳比赛的海报。

2. 某校将举行一场趣味运动会，校学生会体育部为全校学生设计了"两人三足""螃蟹赛跑""跳长绳""自行车慢骑"等项目。所有运动项目将于 2017 年 9 月 27 日上午 8 点开始，在学校操场进行。请你根据以上材料，以校学生会体育部的名义拟写一则海报。

 任务评价

海报拟写评分表

评价项目	评价要点	分值	自评	师评
内容	要素齐全	30		
结构	标题醒目、简洁、新颖	10		
	正文简洁、明了	20		
	结尾有鼓动性	20		
	落款单位名称、日期正确	10		
语言	语句通顺，无错别字，标点符号正确	10		
总　　分		100		

任务三　演　讲　稿

任务目标

知识目标： 掌握演讲稿的写作方法与结构。

技能目标： 能熟练地拟写演讲稿。

任务描述

人们可以通过演讲交流思想、感情，表达主张、见解；也可以用来介绍自己的学习、工作情况和经验等。演讲者面对广大听众发表意见、抒发情感，可以感召听众，使听众在思想感情上产生共鸣并行动起来。通过学习本任务，我们应掌握拟写演讲稿的技能。

任务情景

××传媒有限公司董事长近日受母校邀请，为母校 100 周年校庆作题为"中国梦　创新创业之梦"的演讲。董事长认为这是一次很好的公关机会，不仅可以扩大公司的知名度，还可以让公司在公众心目中树立起感恩、奋斗、创新的良好形象，因此，董事长接受了这次演讲的邀请。公关专员（实习生）王丽接到了为此次演讲撰写演讲稿的任务。

任务分析

要写好这篇演讲稿，首先应明确演讲稿的基本写法，其次应明确本次演讲的主旨和所针对的对象，最后根据演讲主旨收集素材。与一般的文种相比，演讲稿更加侧重文字表达，需要使用各种修辞手法，既要让听众一听就明白，还要让听众觉得受到了鼓舞、启发。

任务实施

演讲稿的结构是：标题、称谓、开场白、正文、结尾。

$$
演讲稿 \begin{cases} 标题 & \text{揭示主题型、设问型、比喻象征型、交代背景型、名言警句型、抒情型} \\ 称谓 & \text{可用泛称、专称} \\ 开场白 & \text{开门见山式、故事式、提问式、引用式} \\ 正文 & \text{核心部分,确定形式、组织材料和构筑高潮} \\ 结尾 & \text{或归纳、或升华、或希望、或号召} \end{cases}
$$

1. 标题

演讲稿的标题有很多种写法,揭示主题型,如"中国决不会灭亡";设问型,如"谁是最可爱的人";比喻象征型,如"裂开的房子";交代背景型,如"在马克思墓前的讲话";名言警句型,如"有志者事竟成";抒情型,如"我爱你,我的祖国"等。

2. 称谓

演讲称谓因演讲的对象、场合不同而不同。一般情况下用泛称,比如"各位领导""各位来宾""女士们、先生们""同志们""朋友们"等。通常在称谓前加上"尊敬的""敬爱的"等词,以示尊重和友好。如果在场的听众里面有特别的嘉宾、领导,可以先专称这些特殊人物,再泛称其他人。演讲时一般先称谓,再引出演讲的标题。

3. 开场白

开场白在演讲稿中具有重要的作用,一方面,通过开场白拉近与听众的距离,吸引听众的注意力,为整个演讲打好感情基础;另一方面,通过开场白点明演讲的主旨,引入正题,引领下文。开场白的方式很多,常用的主要有以下四种。

(1)开门见山式。一般政治性或学术性的演讲稿都是开门见山式的。这种开场白直奔主题,开宗明义,直接揭示演讲的主题、演讲者的观点。比如 1976 年 1 月 8 日周恩来总理逝世,联合国为此降半旗致哀。时任联合国秘书长瓦尔德海姆发表演讲:为了悼念周恩来,联合国下半旗,这是我决定的。原因有二:一是……。二是……。

(2)故事式。通过开场白向听众报告新近发生的事实,以引起听众的注意。比如恩格斯《在马克思墓前的讲话》的开头:"三月十四日两点三刻,当代最伟大的思想家停止了思想,……但已经永远地睡着了。"

(3)提问式。提问式的开场白是指根据听众的特点和演讲的内容,提出一些引起听众思考的问题,设置悬念,激发听众继续听下去的兴趣。问题的设置应该新颖、独特,能促使听众思考。比如"有这样一个问题常在我的脑海里萦回:是什么力量使霍金在全身瘫痪的情况下仍能攀登科学高峰?是什么力量使爱因斯坦在名扬天下之后还继续坚持艰苦卓绝的科学研究?这大概是当代青年特别是大学生们最为热衷的话题之一,也是我今天演讲的主题。"

(4)引用式。引用式开场白是指引用发人深省的警句、诗句、名言等引出下文。比如"有一首歌这样唱道:'多少人曾爱你青春欢畅的时辰,爱慕你的美丽,假意或真心。只有一个人还爱你虔诚的灵魂,爱你苍老的脸上的痛苦的皱纹。'歌中倾诉了深沉真挚的爱,正如别林基斯所说：'爱是理解的别名。'知之愈深，才能爱之愈切，今天，带着这种爱，我要讲一讲我的祖国，讲一讲生我的这片土地。"

4. 正文

演讲稿在开场白后要迅速转入主体，这是演讲的正文和核心部分，也是演讲稿的高潮所在，直接关系到演讲的质量和效果。在正文的内容安排上，应注意以下几个问题。

（1）确定结构形式。演讲稿的形式比较自由，或旁征博引、剖析事理，或引经据典、挥洒自如，或层层深入，或就事论事。结构形式不管怎样变化，都要求主题突出、问题说透、推理严密、层次清晰、情理交融。

（2）认真组织好材料。演讲稿的理论依据和事实论据的组织安排要适当。首先必须保证例证的真实性、典型性。演讲稿不能太长，一般30分钟左右最好。内容要求言简意赅，起到画龙点睛的作用。

（3）构筑演讲高潮。一个成功的演讲，一定要有高潮。高潮部分必须体现三个特点：一是思想深刻、态度明确，集中体现演讲者的思想观点；二是感情强烈，演讲者的爱恨、喜怒在这里得到尽情宣泄；三是语句精练。

如何构筑演讲高潮呢？

首先，要注重思想感情的升华。演讲中必须对某个问题有较为深刻全面的分析、论证，演讲者的思想倾向要明朗，听众才能逐渐领会演讲者的思想观点，并与演讲者的思想感情产生共鸣，从而构筑高潮。

其次，要注意锤炼语言，使用排比、反问等句式增加气势，也可借助名言警句把思想揭示得更加深刻。

5. 结尾

演讲稿的结尾忌拖泥带水，一定要干脆利落、简洁有力。结尾或归纳，或升华，或希望，或号召。

 知识平台

1. 演讲稿的特点及写作要求

演讲稿必须讲究"上口"和"入耳"。所谓"上口"，就是表达通顺流利；所谓"入耳"，就是听起来非常顺畅，没有语言障碍，不会发生曲解。

（1）口语性。演讲稿的语言应尽量口语化。口语化是指语言要讲着顺口、听着入耳，应从生活中选取亲切、自然、流畅、听众"喜闻乐见"的语言。

（2）通俗性。演讲稿的语言必须做到通俗易懂，要坚决抛弃晦涩难懂的术语。具体做法是把长句改成短句；把倒装句改为常规句；把晦涩的文言词语、成语加以改换或删去；把单音节词换成双音节词；把生僻的词换成常用的词；把容易误听的词换成不易误听的词，等等。

（3）鼓动性。演讲要使人信服、使人激动、使人行动、使人快乐，就必须具有一定的鼓动性，使听众受到鼓舞。

2. 演讲稿的类型

演讲稿主要分为叙述型演讲稿、议论型演讲稿和抒情型演讲稿。

 例文赏析

在美国度圣诞节的即兴演讲

丘吉尔

（1944 年 12 月 24 日）

各位为自由而奋斗的劳动者和将士：

我的朋友，伟大而卓越的罗斯福总统，刚才已经发表过圣诞前夕的演说，已经向全美国的家庭致友爱的献词。我现在能追随骥尾讲几句话，内心感到无限的荣幸。

我今天虽然远离家庭和祖国，在这里过节，但我一点也没有异乡的感觉。我不知道，这是由于本人母亲的血统和你们相同，抑或是由于本人多年来在此地所得的友谊，抑或是由于这两个文字相同、信仰相同、理想相同的国家，在共同奋斗中所产生出来的同志感情，抑或是由于上述三种关系的综合。总之，我在美国的政治中心地——华盛顿过节，完全不感到自己是一个异乡之客。我和各位之间，本来就有手足之情，再加上各位欢迎的盛意，我觉得很应该和各位共坐炉边，同享这圣诞之乐。

但今年的圣诞前夕，却是一个奇异的圣诞前夕。因为整个世界都卷入了一场生死搏斗之中，使用着科学所能设计的恐怖武器来互相屠杀。假若我们不是深信自己对别国领土和财富没有贪图的恶意，没有攫取物资的野心，没有卑鄙的念头，那么我们今年的圣诞节，一定很难过。

战争的狂潮虽然在各地奔腾，使我们心惊肉跳，但在今天，每一个家庭都在宁静的、肃穆的气氛里过节。今天晚上，我们可以暂且把恐惧和忧虑抛开、忘记，而为那些可怜的孩子们布置一个快乐的晚会。全世界说英语的家庭，今晚都应该变成光明的、和平的小天地，使孩子们尽量享受这个良宵，使他们因为得到父母的恩物而高兴，同时使我们自己也能享受这种无牵无挂的乐趣，然后我们承担起明年艰苦的任务，以各种的代价，使我们孩子所应继承的产业，不致被人剥夺；使他们在文明世界中所应有的自由生活，不致被人破坏。因此，在上帝庇佑之下，我谨祝各位圣诞快乐！

拓展训练

1. "例文赏析"中，例文的标题属于＿＿＿＿＿＿＿＿类型的标题。
2. 请给上面的例文换一个类型的标题，例如：＿＿＿＿＿＿＿＿＿＿＿＿＿＿＿＿＿＿＿＿。
3. 班级的班委要进行竞选，如果你想竞选宣传委员，请你拟写一篇竞选演讲稿。

任务评价

演讲稿拟写评分表

评 价 项 目	评 价 要 点	分值	自评	师评
结构	标题新颖、有吸引力	20		
	称谓恰当	10		
	开场白可以引起兴趣、拉近距离	10		
	正文结构合理，材料充分，能够构筑高潮	20		
	结尾简洁有力	20		
语言	语言通俗易懂，无错别字，标点符号正确	20		
总　　分		100		

任务四　通　　知

任务目标

知识目标：掌握通知的写作方法与结构。
技能目标：能熟练地拟写通知。

任务描述

很多公司内部会议、活动很多，公司内部的信息可用通知进行传达。通知是批转下级机关、转发上级机关和不相隶属机关文件、发布法律规章制度、传达要求下级机关和有关单位需要周知或者共同执行的事项、任免和聘用干部等使用的公文。通过学习本任务，我们应掌握拟写通知的技能。

任务情景

新入职的员工来到××传媒有限公司已经快一周时间了。但是他们对公司的情况、制度还不是很了解。为了让他们更好地了解企业文化、公司制度，更快地适应工作，公司决定对他们进行为期三天的新员工培训。公关专员（实习生）王丽接到为本次培训拟写通知的任务。

任务分析

要写好这篇通知，首先要了解通知的组成要素，选择正确的结构与写法；其次将掌握的内容整合成一篇完整的通知，做到格式正确、语言简洁、重点突出。

任务实施

通知的结构是：标题、上款、正文和落款。

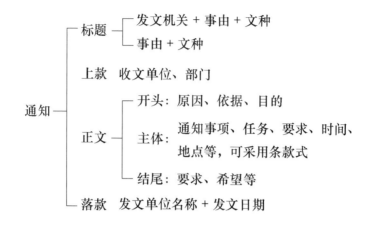

1. 标题

（1）完全式标题，即标题由发文机关+事由+文种三要素组成，正式的通知均使用完全式标题。如"中共中央办公厅、国务院办公厅关于严禁用公费变相出国旅游的通知"。

（2）标题由事由+文种组成。如果标题太长，可省略发文机关。如"关于县级市经济管理权限的通知"，如果是两个单位以上联合发文，不能省略发文机关。

（3）标题仅写文种，即"通知"。这种标题只用于一些单位内部的非正式通知。通知事项比较紧急或重要，可以在标题里直接标明紧急或重要，比如"关于开展安全教育工作的紧急通知"。

（4）转发性通知标题的特殊写法。

① 事由写明"批转"或"转发"，一般应标引原文的标题，若原文标题省略发文机关，则本文标题应注明原文的发文机关。如"北京市人民政府转发国务院关于北京市土地利用总体规划批复的通知"，又如"国务院批转国家体改委关于一九九八年深化经济体制改革总体方案的通知"。那么何时用批转，何时用转发呢？转发：转发的是上级或不相隶属机关的公文。批转：转发的是下级机关的文件。

② 拟写转发性通知的标题时，由于原标题的事由部分已含有"关于"二字，故本文标题的事由部分应省略"关于"，以求简洁。比如"××市人民政府关于批转××市商业局关于进一步做好粮油供应工作报告的通知"，为了简洁应该把原文标题中的后一个"关于"去掉。

③ 若原文为通知，标引时应避免"通知套通知"的现象，可省略本文标题的文种。同时遇到层层转发的通知，本文标题可省略各中间环节，在正文的转发意见中说明。比如"××市人民政府关于转发省人民政府关于转发国务院关于发布《国家行政公文处理办法》的通知的通知的通知"，这个标题出现了三个"通知"，只留下一个"通知"即可，即"××市人民政府转发国务院关于发布《国家行政公文处理办法》的通知"。

2. 上款

写清楚收文单位、部门，后加冒号。有两个以上受文机关的，用顿号或逗号隔开。比如"各市人民政府、行政公署，省直各单位："。被通知的是个人的，写个人姓名。如果通知范围大的，也可以不写上款。

3. 正文

通知的正文主要包括开头、主体、结尾三部分。

通知开头部分要交代通知的原因、依据、目的。

通知主体部分交代清楚通知事项、任务、要求、时间、地点等。如果主体部分内容比较多，可采用条款式。

通知结尾部分需提出执行的要求、希望等，而且一般需要另起一段。也可以不写结尾。

通知主体部分是通知行文的重点，不同类型的通知主体各不相同，在写作时应根据实际情况区分。

4. 落款

落款处写清发文单位名称和发文日期。

 **知识平台**

1. 通知的特点

（1）使用范围广，灵活多样。通知不受发文机关级别高低的限制；行文路线限制不严；写作灵活自由，使用比较方便；发布形式多样，多以文本形式送达。

（2）运转速度快。通知事项一般是要求立即办理、执行或知晓的，不容拖延。通知不需要经过法律程序，只需经机关领导人签发或同意即可。所以，从起草到发出，与其他文种相比要快得多。有的通知，如会议通知，甚至不用起草，也不用报批，经机关领导同意或授权就可以直接使用。

（3）作用明确。上级向下级用通知行文，体现出指导性。特别是部署和布置工作、批转和转发文件等，通知可以很好地说明需要做什么，怎样做，达到什么要求等。一部分通知对下级或有关人员有约束力，起指挥、指导作用；另一部分通知则主要起知照作用。

2. 通知的主要类型

（1）转发性通知。用于批转或转发文件，包括批转下级机关的公文、转发上级机关或不相隶属机关的公文。

（2）发布性通知。向所属下级机关发布有关行政法令和规章制度。

（3）部署性通知。用于部署工作、传达要求下级机关办理和有关单位需要周知或者共同执行的事项。

（4）任免性通知。用于任免和聘用干部。

（5）事务性通知。用于处理日常工作中带有事务性的事项。

（6）会议通知。用于上级机关或有关部门通知会议的召开。

 **例文赏析**

关于召开 2017 年××省中职学校文秘教研大组理事会

暨中职文秘专业教学指导方案修订研讨会的通知

各市教研室、各省中职文秘教研大组理事学校：

为适应我省中职选择性课程改革新形势，进一步促进我省中职文秘专业的发展，安排好我省中职文秘专业年会内容。现决定，于2017年4月在××市举行××省中职学校文秘教研大组理事会暨中职文秘专业教学指导方案修订研讨会。现将会议有关事宜通知如下。

一、会议时间、地点

1. 时间：2017年4月8—9日，其中参加理事会人员于4月8日下午报到，会议于4月9日上午9：00开始。

2. 报到地点：××市××酒店（××市园林西路1号）。

3. 会议地点：××市职业教育中心（××市园林路389号）。

二、会议内容

1. 商定2017年××省中职学校文秘年会内容；

2. 商定2017年××省中职文秘专业学生技能竞赛技术方案；

3. 中职文秘专业教学指导方案修订研讨会。

三、其他事项

1. 与会人员：省中职文秘教研大组理事学校代表1~2名。

2. 各区市文秘教研员。

3. 差旅费回原单位报销。

4. 回执请于2017年4月6日前发给××市职业教育中心张老师。联系电话：13980777×××；Email：10754××××@qq.com。

××省教育厅职成教教研室（章）

2017年4月1日

回　　执

学校	姓名	性别	职务	联系电话	是否住宿	
					是	否

拓展训练

1. 请修改以下通知的标题。

（1）关于国家药品监督管理局进一步治理整顿医药市场意见的通知。

（2）转发省劳动局、省人事局、省财政厅、省总工会"关于转发劳动部、人事部、财政部、国家总工会《关于发给离退休人员生活补贴费》的通知"的通知。

（3）××厂关于转发××分厂"关于建立安全岗位责任制经验总结"的通知。

（4）国务院《旅行社管理暂行条例》的通知。

2. 请修改以下通知。

通　　知

为了庆祝第三十一个教师节，更好地促进师生之间的友谊，我校定于×月×日晚×时在××（地点）举办游园活动。

一、参加游园活动者必须是本校教职工，其他人员不得参加。

二、必须听从工作人员的安排，服从工作人员的指挥，不得无理取闹，以免影响工作人员的正常工作。

三、必须严格遵守各项活动规则，不准随便破坏游园活动的规定，如有这种情况应受到校纪处分。

四、参加任何活动都必须排队，不准随意插队，不准在队列中故意拥挤。

五、保护好一切活动器械，严禁私自拿或破坏。

六、领奖时必须排队，不准不排队而领奖这种现象发生。

七、工作人员必须严格要求自己，不得乱发奖票。

以上规定，望大家自觉遵守，互相监督执行。对那些不遵守者，应给予校纪处分。

特此通知。

×××学校教师节游园活动筹备组
2017 年 9 月 8 日

 任务评价

通知拟写评分表

评价项目	评价要点	分值	自评	师评
内容	标题要素齐全、语句通顺	20		
	开头简洁明了	20		
	正文内容完整、具体	20		
	结尾明确、简洁	10		
结构	落款要素齐全、格式正确	20		
语言	语句通顺，无错别字，标点符号正确	10		
总　　分		100		

<h1 style="text-align:center">任务五　函</h1>

任务目标

知识目标：掌握函与复函的写作结构与方法。

技能目标：能熟练地拟写函与复函。

任务描述

在公共关系活动中，组织之间有合作、有交流，在合作、交流过程中需要利用某种方式进行信息的传递。函，就是组织之间商洽事项、询问答复问题、交流情况的一种文种。公关人员通过函可以处理组织的公务。通过学习本任务，我们应掌握拟写函及利用函处理组织公务的技能。

任务情景

××传媒有限公司准备举行周年庆典，由于公司内部找不到合适的场地，公司决定准备与某商厦商洽，借用他们的场地举行庆典。领导请公关专员（实习生）王丽拟写一份商洽函，准备与该商厦商洽此事。

任务分析

要写好这篇商洽函，首先要明确函的基本结构及写法；其次要明确商洽事项的具体要求和条件；最后将掌握的内容整合成一篇完整的函。要求做到格式正确、语言简洁、事项具体明确。

任务实施

函的结构是：标题、主送机关、正文、落款。

函
- 标题　发文机关 + 事由 + 文种
- 主送机关
- 正文
  - 开头：目的、原因、依据
  - 主体：商洽、询问、答复或批复批准的事项
  - 结尾："特此函商""此复""特此函复""以上当否""请函复""望早日函复"等
- 落款　发文机关、发文日期

1. 标题

函的标题一般由发文机关+事由+文种组成。复函的标题也可以由发文机关+事由+回复对象+文种组成，如"中华人民共和国国务院关于武汉市城市总体规划给湖北省人民政府的复函"。值得注意的是文种要写明是函还是复函。

2. 主送机关

一般只有一个主送机关，有些告知性函如果涉及范围较广，也可多头主送。顶格写主送机关，后加冒号。

3. 正文

（1）开头。通常概括的写清发函的目的、原因、依据。

（2）主体。告知商洽、询问、答复或批复批准的事项。复函则是答复对方的问题。

（3）结尾。商洽性函的结尾一般用"特此函商"；答复性函的结尾一般用"此复""特此函复"；请示性函的结尾一般用"以上当否""请函复"或者"望早日函复""请审批"。另外，还可以用"特此函达""特此函告"作为结尾。

4. 落款

在正文的右下角写上发文机关的全称及发文日期。

 知识平台

1. 函的概念

函是不相隶属机关之间商洽工作、询问和答复问题、请求批准和答复审批事项时使用的公文。

2. 函的种类

函可以分为商洽函、询问函、请求函、邀请函、告知函、答复函。

3. 函的特点

（1）沟通性。函对于不相隶属机关之间起着沟通作用，充分显示平行文种的功能，这是其他公文所不具备的特点。

（2）灵活性。一是行文关系灵活。函是平行公文，但是它除了平行行文外，还可以向上行文或向下行文，没有其他文种那样严格的特殊行文关系的限制。二是格式灵活，除了国家主要机关的函必须按照公文的格式、行文要求行文外，其他的函，比较灵活自由，也可以按照公文的格式及行文要求办。可以有文头版，也可以没有文头版，不编发文字号，甚至可以不拟标题。

（3）单一性。一份函只宜沟通一件事情。

 例文赏析

××传媒有限公司关于 NL9001 型自动考勤打卡机维修事宜的函

××市盛运股份有限公司：

　　我公司于一年前购进贵公司生产的 NL9001 型自动考勤打卡机，一年来使用情况良好，但近来发现打卡机的打印机出现问题，打印 1、4、7、9 等数字模糊不清。我公司曾在市内寻找多家维修店，均无此配件销售。特发函向贵公司询问：贵公司在我市何处有维修部，如果没有维修部的话，我公司该如何送修，费用多少，以及付款方式等。

　　特此函询

××传媒有限公司（章）
2017 年 6 月 26 日

 拓展训练

　　1. 如果你是××市盛运股份有限公司员工，请拟写一个复函的标题。

　　2. ××集团公司举办周年庆典需要 5 台投影仪，现公司只有 3 台。经了解合作单位××有限责任公司有同款的投影仪。请你代集团公司发函与××有限责任公司商洽，借用两台投影仪。

 任务评价

函与复函拟写评分表

评价项目	评价要点	分值	自评	师评
内容	标题组成要素完整	20		
	开头原因、目的明确	10		
	主体事项具体、清晰	20		
	结尾明确简洁	20		
结构	主送机关正确，落款正确	10		
语言	语句通顺，无错别字，标点符号正确	20		
总　　分		100		

任务六 备 忘 录

任务目标

知识目标：掌握备忘录的写作方法与结构。
技能目标：能熟练地拟写备忘录。

任务描述

单位内部部门之间、个人之间需要经常进行信息的交流、沟通，而口头语言的沟通交流受时间、空间的限制，不适用于每件事情。很多时候，组织内部经常通过备忘录的形式进行内部信息的交流，可以达到有据可查、责任清晰、随时提醒的目的，更有利于开展工作。通过本任务的学习，公关人员应掌握拟写备忘录的技能。

任务情景

××传媒有限公司董事长接受母校的邀请，为母校100周年校庆作题为"中国梦　创新创业之梦"的演讲。公关专员（实习生）王丽已经根据董事长的要求拟写完演讲稿。同时，王丽要以备忘录的形式把演讲稿交给董事长，提醒董事长审阅。

任务分析

完成这个备忘录，首先应明确备忘录的结构与写法；其次应明确活动的具体时间、地点和要求，才能正确、到位地提醒当事人。

任务实施

备忘录的结构是：标题、收件人、发件人、日期、内容。

$$
\text{备忘录}\begin{cases} \text{标题　备忘录} \\ \text{收件人} \\ \text{发件人} \\ \text{日期} \\ \text{内容　主题、具体事项、结束语} \end{cases}
$$

1. 标题

居中写"备忘录"三个字。

2. 收件人

指收备忘录的人，应写清收件人姓名和职务。

3. 发件人

指发备忘录的人，应写清发件人的姓名和职务。

4. 日期

发备忘录的日期，应写清年、月、日。

5. 内容

（1）主题。用简洁的词语概括备忘录的主题，让收件人对备忘录的主题内容一目了然。

（2）具体事项。写清事项和具体要求，让收件人明确地知道事项的具体情况。

（3）结束语。以"此致、敬礼"等作为结束语。也可以不写结束语。

 **知识平台**

1. 备忘录的概念

备忘录是以书面的方式交代事情、交流内部信息，以起到提醒和备忘的作用。

2. 备忘录的特点

（1）事务性。一是如实记录发生过的事实真相；二是避免忘却而记下计划办理的事项。

（2）灵活性。备忘录的写法较为灵活，只要把事情写清楚、写明白即可。

 **例文赏析**

备　忘　录

发至：秘书陈莹

发自：行政经理李明

日期：2017 年 6 月 29 日

内容：新员工培训会场布置

本公司新员工培训将于下周二开始，为期三天。会场定在公司报告厅。公司决定由你负责布置会场。请于明天下午下班前把会场布置的方案交给我。

 **拓展训练**

明天上午 9 点，为期三天的新员工培训就要开始了。秘书陈莹已经对会场进行了布置。明

天早上8点需再对所有的设备进行最后的检查，以保证培训活动的顺利开展。秘书陈莹以备忘录的形式提醒负责本次设备检测的专员赵明做好此项工作。

　　请你替陈莹拟写一份备忘录。

 **任务评价**

备忘录拟写评分表

评价项目	评价要点	分值	自评	师评
内容	主题概括恰当	10		
	事项具体明确	40		
	结束语简洁、恰当	10		
结构	标题居中	10		
	收件人、发件人明确、清晰	10		
	日期完整	10		
语言	语句通顺，无错别字，标点符号正确	10		
总　分		100		

项目二 活动策划

任务一 调查问卷

任务目标

知识目标：掌握公共关系调查的内容；掌握调查问卷的设计方法与结构。

技能目标：能设计要素齐全、结构完整、目标明确的调查问卷。

任务描述

公共关系的工作过程一般分为调查分析、制订计划、实施传播、评估效果 4 个步骤。调查分析作为第一步，是公关人员必须掌握的一项基本技能。通过调查问卷收集各种资料和数据，是公共关系工作中最常用的调查方法。公关人员可以利用调查问卷了解公众意见、市场环境、市场需求。通过学习本任务，公关人员要了解调查问卷的结构与要素，掌握调查问卷设计的要领，学会设计调查问卷。

任务情景

××有限公司是英国一家生产保健品的公司，于 1999 年在中国投资。1999 年 10 月，××有限公司在广东工业园区设立生产基地，这是该公司除英国本土以外唯一的生产基地。

目前，××有限公司在中国生产和销售的产品是以蛋白混合饮料为主的营养保健产品、个人护理产品等，共 40 余种。所有保健产品均符合英国 GMP（药品生产质量管理规范）标准，并在国家卫生部门注册，获得生产、销售许可。2001 年年底，××有限公司的产品在中国广东市场开始销售，第一年销售额就达到 1 800 万元人民币，被列入中国保健产品生产企业的 50 强。因为发展势头良好，英国总部欲于今年进军中国浙江市场，首站是杭州。××有限公司（中国）公关部经理接到任务后，计划先在杭州市西湖区开展一场公众舆论调查，他的助理陈刚被指定设计此次的调查问卷。

任务分析

要设计好调查问卷，首先，要了解组织的公众舆论调查的概念，明确这一类调查问卷的内容和所要达成的目标并列好调查提纲；其次，需要搜集资料，帮助自己加深对所要调查的内容的理解，确定调查方法；最后，应掌握调查问卷的结构与设计要点，再根据目标设计问题，从易到难，做到要素齐全、结构正确、内容目标明确。

 **任务实施**

调查问卷的结构是：标题、封面信、指导语、问题、答案和编码。

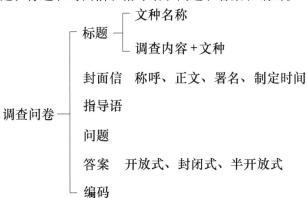

1. 标题

调查问卷的标题一般有两种。

（1）只标示文种名称，即在第一行居中书写"调查问卷""调查表"。

（2）调查内容+文种名称，如"××品牌调查问卷"。

2. 封面信

封面信又称"说明信""前言"。

封面信一般采用书信体的写法，格式包括称呼、正文、署名、制定时间。称呼一般写"亲爱的女士/先生"。如果调查对象的身份明确而且统一，也可只写身份，如"尊敬的经销商""亲爱的影迷"等。正文主要说明调查的目的、意义、用途、范围，并感谢调查对象的合作。如涉及被调查者隐私及个人信息的内容，必须指明予以保密，不对外提供，以消除被调查者的顾虑。署名即调查机构的组织名称。制定时间一般写明具体年、月、日。内容简单的调查问卷也可省略封面信部分。

3. 指导语

指导语又称"（问卷）填写说明"或"（问卷）填写注意事项"，是用来说明调查问卷的填写规范，指导被调查者正确填写问卷的解释性文字。一般包括：选择答案时所用符号的规定、答案的选项数目及其他相关要求。

4. 问题

问题是调查组织者根据调查的目的和数据搜集的需要，在调查问卷中向被调查者提出并要求回答的有关事实、态度、行为、愿望等方面的问题，是调查问卷的核心。调查问卷中的问题一般包括基本情况，态度与行为事实，动机、需求和期望。

所谓基本情况，是指被调查者的个人情况和资料，包括被调查者的姓名、年龄、性别、职业、单位名称、职务、行业等。

态度与行为事实，是指被调查者在现实生活中对某一问题的真实态度和实际行为取向。从这些态度和行为事实中，可以看出被调查者对某一社会组织及品牌的认识程度、理解程度和喜好程度，或对某事物、某个观点的评价，以及他们的实际行为取向。

动机、需求和期望，是指被调查者对某一事物采取某种态度或行为的原因，以及对这一事物的需求和期待。它构成了调查内容的补充部分。

5. 答案

答案一般分为三种类型：封闭式、开放式、半开放式。

封闭式，即被调查者从调查者给出的答案中进行选择。主要的形式有单项选择题和多项选择题。

开放式，不提供任何具体的答案选项，由被调查者自由回答问题。一般为主观简答题。如"你对×××有哪些看法?"。

半开放式，给出部分答案，而将未给出的答案或用"其他"一项表示，或留以空格，由被调查者自行填写。

6. 编码

在较大规模的统计调查中，为了便于用计算机处理数据，需要对每个问题和答案选项进行编码，用一个数字作为一个问题及其答案的代码。

知识平台

1. 调查问卷的概念

公关调查问卷是调查者根据调查目的和要求设计的，由一系列封面信、指导语、问题、答案组成的书面或电子文案，是运用问卷的方式收集某个组织的公关信息的文书，是用书面提问的形式了解社会公众意见的调查方法，也称"调查表""调查提纲"等。

2. 公共关系调查的内容

公共关系调查的任务是甄别公众对象，了解舆论情况，评价组织形象。公共关系调查内容主要包括以下三个方面。

（1）组织的形象调查。组织形象是公众对于社会组织的印象、认识和评价。组织自我形象调查的重点是：组织自身的政策、行为和产品是否完善，产品质量和服务如何，市场需求如何，公众有哪些反应，遇到哪些困难，是什么原因造成的，等等。同时，还要注意调查组织内部的基本情况，包括员工的思想情绪、精神面貌，以及对社会组织的需求等。

（2）组织的公众舆论调查。公众舆论调查是对公众的态度倾向进行统计，用数字显示公众的整体意见。它主要调查公众对企业的认识、态度和印象，包括知名度调查——公众是否了解企业的名称、标志、产品或服务，这种了解的程度与范围；信誉调查——公众是否喜欢本公司的产品和服务，是否信任本公司，信任的程度如何；公众评价调查——公众对企业的产品服务、经营管理、人员形象的评价等。

（3）公关活动的环境调查。环境调查分宏观调查和微观调查两部分。宏观调查是对社会大环境的调查。微观调查是对开展公共关系活动的具体条件进行调查，即对开展公关活动的场地、设备、设施等进行调查。

3. 公共关系调查问卷的种类

（1）按调查问卷填答的方式分：

① 自填式调查问卷。由调查对象亲自填写的调查问卷。

② 代填式调查问卷。调查者按照统一设计的问卷，通过电话或当面访谈向被调查者提出问题，然后再由调查者根据被调查者的口头回答来填写问卷。这类调查问卷多采取提问的形式，问题设计趋向简单化。

（2）按调查问卷的形式分：

① 表格式调查问卷。这类调查问卷将所有要调查的内容设计成一张表格的形式，一一列出，简明、整齐，容易填写，方便统计。

② 问题式调查问卷。这类调查问卷将所要调查的内容设计成一个个问题的形式，问题设计可以采用封闭式、开放式、半开放式。

以上两种形式也可以结合使用，可以在表格中设计问题，也可以在问题中穿插表格，灵活运用。

4. 调查问卷的设计原则

（1）控制问题总量，简化填答形式，让调查者容易接受、乐于完成。一份问卷调查总量应控制在 20 个问题以内，最多不超过 25 个问题，并尽可能简化回答方式，让被调查者在比较短的时间内完成。

（2）在全部调查项目的设置上，注意将容易的问题放在前面，将比较难答的问题放在后面。封闭式提问，则将单项选择题放在前面，多项选择题放在后面，开放题放在最后。

（3）在设置问题时，注意尊重被调查者的人格和隐私，不要设置一些有可能为难对方、侵犯对方的问题。

（4）提出问题时，保持中立客观态度，不要掺杂具有导向性从而有可能影响被调查者选择答案的要素。

（5）在封闭式答案选项中，可供选择的答案必须根据调查对象的特点，做到穷尽各种情况，而不能让有些被调查者找不到自己想选的答案。

（6）在设计问题时，用语应简洁，语义力求清晰明确，少用形容词和副词。

 例文赏析

××××酒店知名度调查问卷

尊敬的女士/先生：

　　您好！

我们正在做××××酒店在广州的知名度的问卷调查,希望能得到您的大力支持。××××酒店是五星级酒店,拥有豪华宽敞的客房,提供精美的佳肴、完善的商务会议设施。做这次知名度调查有利于××××酒店在广州更好地服务广大客户,您的宝贵意见和建议对××××酒店的发展有着重要作用。

1. 您的居住地是: _____省_____市_____县。

2. 您的年龄是: _____。

3. 您从事的工作是: _____。

4. 您出行优先考虑的住宿地点是?

A. 青年旅行社　　　　B. 私人旅馆　　　　C. 中低档酒店

D. 高星级酒店　　　　E. 其他

5. 您是否入住过高星级酒店?

A. 是　　　　B. 否

6. 您认为高星级酒店与中低档酒店的主要区别是什么?(可多选)

A. 更人性化的服务　　　B. 高昂的服务价格　　　C. 富有特色的装饰、装修

D. 环境优美　　　　E. 其他

7. 以下是广州一些五星级酒店,你听说过哪些?

A. 锦江宾馆　　　B. 凯宾斯基酒店　　　C. 索菲特酒店　　　D. 皇冠假日酒店

E. 香格里拉酒店　　F. 洲际酒店　　　　G. 喜来登酒店　　　H. 加州酒店

8. 如果您知道××××酒店,您是通过什么渠道了解的?

A. 他人介绍　　　B. 现场促销　　　C. 网络　　　　D. 自己看到的

E. 宣传单　　　　F. 电视广告　　　G. 其他

9. 您是否觉得520这个数字很有特殊意义,并且特别好记?

A. 是　　　　B. 否

10. ××××酒店于2007年5月20日正式建成并投入使用,您是否觉得很容易记住它的开业时间?

A. 是　　　　B. 否

11. 您觉得酒店的名字听起来是否有文化气息?

A. 是　　　　B. 否

12. 您是否看过詹姆士·希尔顿的传奇小说《失落的地平线》?

A. 是　　　　B. 否

13. 书里译述了××××—— 一个安躺于西藏崇山峻岭间的仙境,让栖身其中的人感受到前所未有的安宁。您是否向往这样一个地方?

A. 是　　　　B. 否

14. 时至今日,××××已成为世外桃源的代名词。而××××酒店的优秀服务,及完美宁静的环境,正与这个弥漫着神秘色彩的名字源出一辙。这样的一个酒店您是否愿意入住?

A. 是　　　　B. 否

15. 广州××××酒店位于风光秀丽的江边,距离广州市最繁华的商业街×××街仅5分钟车程,距机场25分钟车程,您是否觉得交通便利?

A. 是　　　　　　B. 否

16. ××××酒店的各项功能与服务您觉得是否达到了您心目中的五星级酒店应有的水平？

A. 是　　　　　　B. 否

17. 如果经济条件允许，您是否愿意入住我们的酒店？

A. 是　　　　　　B. 否

18. 您如何评价酒店的整体质量？

19. 您对酒店有何意见和建议？

 拓展训练

"红五月"是杭州市各中职学校自主招生月，请你设计一份自己学校的形象调查问卷。

 任务评价

调查问卷拟写评分表

评价项目	评价要点	分值	自评	师评
内容	标题拟写正确	10		
	问题设计目标明确	10		
	问题设计从易到难	10		
	问题设计总量不超过 25 个	10		
	答案设计封闭式与开放式相结合	10		
结构	结构完整，各要素齐全	20		
	封面信结构完整	20		
语言	语言规范准确，无错别字，标点符号正确	10		
总　分		100		

任务二　策 划 方 案

 **任务目标**

知识目标：掌握专题活动类策划方案的设计方法与结构。

技能目标：能够针对公共关系专题活动撰写策划方案。

 **任务描述**

公共关系策划是公共关系工作的核心，一份成功的策划方案是相关公关活动有序有效地进行并取得预期效果的前提条件。作为一名公关人员，能够成功地撰写一份创意十足、切实可行的策划方案是一项非常重要的技能。从策划内容来看，策划方案主要有市场商务类策划方案和专题活动类策划方案两类，前者如营销策划方案、新品开发策划方案、广告策划方案等，后者如庆典活动策划方案、比赛项目策划方案、公益活动策划方案等。这里主要介绍专题活动类策划方案。通过本项目的学习，公关人员应学会撰写专题活动类策划方案，具备为不同主题公关活动撰写策划方案的能力。

 **任务情景**

××集团成立于1995年。该集团经过近20年的发展，已成为一个跨行业、跨区域的大型企业集团，业务范围涉及房地产开发、物业管理、建筑材料生产销售、苗木花卉培植等，形成了以房地产为主营业务的综合产业结构。自创立至今，××集团一直以"丽领生活风尚，都市企业标杆"为宗旨，着力为消费者提供高品质的居住生活环境和优良的服务。目前，公司正在投资开发的项目有"××花园"项目、"××国际家居建材市场"项目等。

今年国庆节时正值公司成立20周年，再加上市场上房企竞争激烈，公司领导欲借这次机会感恩回馈业主，开展公司20周年庆典活动暨"××花园"生活品质节。为了使活动达到预期的效果，公关部经理召集员工针对活动的目标、内容、方式、时间、范围和经费预算等进行了商讨。艾莉是公司公关部的秘书，她的任务是根据会议商讨的结果撰写此次活动的策划方案。

 **任务分析**

公共关系专题活动是一项有计划、有步骤地策划和实施的集体性活动。要撰写好此活动的策划方案，关键在于精心和到位的策划。首先，要尽可能齐全地搜集相关背景材料：

① 活动主办方的发展概况、公共关系现状和需求，以及有关产品和服务的特点等；② 同类公共关系专题活动的历史资料；③ 这一时期社会公众关注的热点话题；④ 国家有关政策和法规；⑤ 地域文化特征和活动场地情况。通过对社会和市场背景进行分析和把握，使整个策划方案更具可行性和必要性。其次，要反复提炼专题活动的主题，以明确的文字表述形式确定下来，并以此为红线贯穿整个策划方案。再次，需要精心策划和安排专题活动内容，让活动内容贴近主题，引起社会公众的广泛参与与关注。最后，对专题活动的费用进行初步预算。

在精心策划的基础上，还应了解策划方案的规范格式，运用规范格式和撰写要领将相关内容整合成一份完整的策划方案，并从可行性和创新性等角度进行反复推敲，使方案在实施过程中顺畅、稳妥。

任务实施

策划方案的结构是：标题、正文、落款。

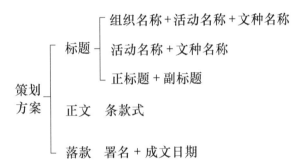

公关活动策划方案文本的结构也应当根据提交者与受文单位之间的相互关系确定。

▲ 由社会组织的公关部门提交给决策层审批，或者由下级机关提交给上级机关审批的公关活动策划方案，其结构由标题、主送机关、正文、落款四个要素构成。如果将公关活动策划方案作为请示的附件上报审批的，因在请示中已写明主送机关和落款，故在公关活动策划方案中可省略主送机关和落款。

▲ 公关活动策划方案由公关部门自行策划、自行实施，其结构应当包括标题、正文、落款三个部分，不需要写主送机关。

▲ 由公关公司策划制作，提交给客户的公关活动策划方案，其结构应当包括标题、前言、正文、落款四个部分。

1. 标题

一份策划方案的标题拟写得好，具有创意，能为整个策划方案锦上添花；标题拟写得差，整个策划方案就显得平庸。策划方案标题常见的写法有三种。

（1）组织名称+活动名称+文种名称。如"××学校十八岁成人礼策划方案"。

（2）活动名称+文种名称。如"泰康慈善基金成立策划方案"。

（3）正标题+副标题。正标题点明活动的主题，副标题标示活动单位、活动名称和文种等，如"岁月无声，真爱永恒——××俱乐部七夕情人节活动策划方案"。

有的策划方案篇幅比较长，印制成册子的形式，这时候应制作封面和目录，封面上的内容一般为标题，如标题中没有组织名称，则在封面的右下角加上单位名称、成文日期等内容。

2. 正文

一份规范的公关活动策划方案的正文一般由活动背景、活动主题、活动目标公众、活动计划、宣传媒介、经费预算、效果预测这七部分组成。

（1）活动背景。活动背景分析是策划方案正文的第一项要素。一份策划方案只有在阐明了活动的背景和需要后才能引出具体的实施方案。因此，活动背景分析是活动策划方案的源头和依据。

活动背景分析没有固定的格式，但应当把握好两点：一是分析组织所面临的形势、社会热点、公众心理和市场需求；二是分析某一社会组织自身发展的特定情况和需要。以上两点是相互联系的，写作时要把这两点进行有机的结合。

（2）活动主题。用简洁的语言概括活动的创意点，它可以是一句口号，也可以是并列式短语，或者是陈述式表白。活动主题是整个策划方案的灵魂，它贯穿整个活动，连接各个项目与步骤。拟写主题要求概括、简练，并富有一定的文采和韵味，给人留下深刻印象。

（3）活动目标公众。用简洁的话语指出活动的目标公众。活动目标公众根据专题活动所要传播的主题和所要达成的目的来定位。在确定活动目标公众时，一般有两种方式，其一，当目标公众集中于社会某一层面时，可以用一句话来概括。其二，如果目标公众较为广泛时，可采用"第一目标公众""第二目标公众""第三目标公众"的分类方法加以表述，但目标公众最多只能设置三个层次。

（4）活动计划。活动计划是对具体活动的指导，应当周密详细、具备操作性。一般由活动时间、活动地点、活动内容、人员安排、物品安排、现场布置等方面组成。

① 活动时间。指公关专题活动开展的具体时间，需要明确到某年某月某日某时至某时。如果活动时间跨度比较长，则细化到日即可。

② 活动地点。活动地点的选择要充分考虑目标公众的分布情况、活动性质、活动经费，以及可行性等要素。

③ 活动内容。包括具体的活动名称及活动的步骤、方法、规则、负责人等。

④ 人员安排。公关活动中，需要考虑以下几类人员。

一是组织方的上级领导和政府官员。他们代表着组织方上级对活动的重视和活动的规格，以及可能产生的社会影响。

二是组织领导。他们是组织形象的代表，也是活动的决策、组织、指挥者。要考虑好他们在活动中什么时候亮相，如何亮相等问题。

三是名人明星。他们的到场有利于企业制造新闻事件，吸引媒体的报道和公众的关注。

四是媒体记者。媒体记者有利于信息的传播，通过报道能够提高活动的社会关注度和影响力。因此，需要考虑好邀请哪些类型的媒体、哪几家媒体。

五是工作人员。整个活动的实施，每一个环节都需要配备相应的工作人员。如可设立策划组、后勤服务组、宣传联络组、安保组等。

六是礼仪人员。迎宾或活动过程中需要礼仪服务人员，要精细到礼仪人员的人数、分工、任务等。

七是主持人。一个好的主持人可以调节活动的现场氛围，调动观众参与的积极性。小型公关活动可选择单位内部有主持能力的员工担任，如果是某些专业性的活动或需要提高活动效果的，可请专业主持人。

⑤ 物品安排。每个公关专题活动都需要用到大量的物品，某些物品可承载着传递企业文化或自身信息的作用，所以要合理地安排好物品。如大型充气拱门、空飘气球、条幅、刀旗、横幅、舞台背景板、易拉宝、折页、海报等。

⑥ 现场布置。这是整个策划方案中的一大亮点，可以设计效果示意图并配文字说明，或者单独设计现场布置方案。

（5）宣传媒介。传播是公关专题活动最终的目的，所以选择合适的宣传媒介及传播策略就显得格外重要。公关活动有以下几种常用的传播媒介。

① 新闻媒介。优点：投入资金少，覆盖范围广，传播速度快，宣传效果好。缺点：时间短，不容易记忆，只截取新闻眼进行报道无法完整传播信息。

② 广告媒介。优点：吸引人，覆盖范围广，传播速度快，宣传效果好，能够比较完整地传播主办方信息。缺点：费用高。

③ 其他媒介。即通过宣传单页或宣传册等，向活动参考者及周边人群传播有关活动的信息。

（6）经费预算。这是整个策划活动必不可少的部分，直接关系到活动实施的可行性。一般包括场地租借费用、场地布置费用、物品购置费用、礼仪费用、宣传费用、保安费用、交通费用、餐饮费用、劳务费用等。另外，还应设立机动费用，一般为某一活动实际总开支的5%～10%。

（7）效果预测。应准确地预测活动的效果，让活动主办方了解活动实施后产生的实际效果。主要包括活动参与人的数量、进行报道的媒介数量、社会公众知晓的数量、对社会产生的影响、组织者的知名度和美誉度提升的状况等。

3. 落款

在正文的右下角写上主办方名称和成文日期，其中主办方名称在上，成文日期在下。

公关专题活动策划方案写作模板

×××活动策划书

一、活动背景

二、活动主题

三、活动公众目标

四、活动计划

五、宣传媒介

六、经费预算

七、效果预测

　　　　　　　　　　　　　　　　　主办方名称

　　　　　　　　　　　　　　　　　成文日期

知识平台

一篇完整的公关策划方案一般应当具备 5W、2H、1E 这八要素：5W 包括 What（策划的目的与内容）、Who（策划者、实施者、目标公众）、When（实施时间）、Where（实施地点）、Why（策划的缘由和意义）。2H 包括 How（策划的方法和实施形式、步骤），How much（经费预算）。1E 即 Effect（效果预测）。

1. 公关策划方案的概念

公关策划方案是指针对即将开展的商务活动、社会活动等，为了实现一定的公关目的所制订的具有创意性、可行性的行动计划，也称企划书、策划案等。

2. 公关策划方案的特点

（1）创意性。创意是专题活动的关键，是整个策划方案中的亮点。一个创意突出的策划方案，能够吸引和感染公众，使活动取得良好的效果，达到预期的目的。

（2）可行性。任何策划方案都要落实到实施中。一份创意再好的方案如果不具备可操作性和可行性，那么也只是堆砌的文字而已。策划方案是专题活动的具体行动计划，是在实际调研、综合考虑主客观条件后形成的，应当具有可行性和可操作性。

3. 专题活动策划方案的写作注意事项

（1）主题应单一。一份专题活动策划方案只能有一个主题，要选择一个最容易实现目标的主题，使这一主题成为一条红线贯穿整个策划方案。

（2）活动应集中。一份专题活动策划方案涉及的具体活动要紧紧围绕主题进行，尽量做到集中精简。太多的活动会牵扯大量的人力物力，也容易造成主次不分。

（3）措施应可行。一份成功的专题活动策划方案应具有良好的可执行性。活动的时间、地点、步骤、方法等要考虑周全。

（4）行文应客观。在拟写专题活动策划方案时，切记不能凭主观想象进行写作，需要在调查实践的基础上进行。

（5）风格应多样。专题活动策划方案因主题的多样性而呈现出多样化，千万不要让策划方案成为一种模板。

例文赏析

××精品装饰城与××印象家装节活动策划方案

一、活动背景

家装是一项系统工程，传统家装与建材是分开的，不能满足人们的需要。消费者选择家装公司后，又马不停蹄地奔走于各大建材市场，在无数次挑选中不尽如人意，造成消费者精力和财力的浪费。消费者渴望家装、建材、饰品一条龙服务，而且趋势越来越强烈。

　　××精品装饰城作为××市家装建材大本营，满足了××市消费者的需求，解除消费者的后顾之忧，从设计、装修、建材、室内配套等一条龙服务、一站式消费大体验，让每一个消费者随心所欲，省心、放心，不再东奔西走，所有烦心事在××精品装饰城都能够轻松解决。

　　2017 年 4 月 1 日，正值××印象楼盘 7、8 两栋住宅正式交房之际，也是××精品装饰城店庆前夕，两家公司将联合举办 2017 年"金色印象"欢乐家装节活动。通过本次活动将大力宣传介绍房地产商、装饰行业、建材商产品的卓越品牌。对内增强凝聚力，巩固和加强各商家联盟战略合作伙伴关系，提升各商家企业员工的自豪感。以事促人，以人带事，将团队精神再次升华；对外增强竞争力，将有效地创立各商家公司良好的公众服务形象，展示一年以来取得的良好业绩。

　　二、活动主题

　　"春天欢乐家装盛宴　醇享和谐生活百年"，采用一句标语传播"欢乐家装"的理念。

　　三、活动目标公众

　　××印象楼盘业主、××市新购房者、老客户、潜在客户。

　　四、活动计划

　　系列活动 1：共建绿色家园——家居装修公益讲座

　　活动目的：

　　(1) 周末售楼部热场，增加现场客户量，提升现场人气，促进销售；

　　(2) 维护业主关系，促进老带新，增加老业主归属感，提升项目美誉度；

　　(3) 针对 7、8 两栋住宅即将交房，给老业主普及家装方面的知识，维护与老业主之间的关系。

　　活动时间：2017 年 3 月 21 日、2017 年 3 月 28 日、2017 年 4 月 4 日、2017 年 4 月 11 日。

　　活动地点：××印象楼盘销售大厅。

　　活动规则：活动分为 4 期，其中，每期讲座的主题要求不一样，这样能吸引客户每期都能参加。3 月 21 日讲座的主题为"如何购买家装材料"，给老业主普及购买家装材料时应该注意的问题；3 月 28 日讲座的主题为"户型设计"，家装公司根据户型图及平面图进行户型设计，给老业主讲解户型如何设计、如何最大化地利用户型面积；4 月 4 日讲座主题为"家装中应该注意的问题"，包括水、电、地板等，给老业主讲解家装中要注意的问题；4 月 11 日讲座主题为"风水问题"。4 期的讲座过程中均安排抽奖环节，讲座结束后带领不是业主的参与人参观××样板房和楼盘。

　　具体活动安排：

　　3 月 21 日　14：00-16：00，《装修材料优劣对比，严格把好质量关》，主讲人：××品牌地板、××品牌卫浴等负责人。

　　3 月 28 日　14：00-16：00，《空间智慧大师教你优化户型，软装巧搭》，主讲人：吴晓庆。

　　4 月 4 日　14：00-16：00，《如何规避施工误区，打造顶级工艺》，主讲人：××之家装饰负责人。

　　4 月 11 日　14：00-16：00，《居家风水与养生》，主讲人：马午。

　　人员安排：

序号	区　域	工 作 职 责	人 员 安 排
1	水吧台	提供饮品供客户取用	2 人
2	活动区	主持活动、维持秩序	5 人
3	签到区	客户签到、发抽奖券	2 人

物品准备：

项目	内容	数量	要求及说明	完成时间	执行和跟踪	负责人	备注
共建绿色家园——家居装修公益讲座	场地布置：横幅、背景板						
	主席台：电脑、话筒、投影仪、台签、主席台桌布、鲜花						
	活动区：桌椅						
	签到台：签到本、抽奖券						
	海报						
	楼书						

系列活动 2：欢乐家装赶集会

活动时间：2017 年 3 月 28 日—4 月 8 日。

活动地点：××精品装饰城。

活动内容：

（1）先前与媒体联合组织装修消费团队，每天组织 200 人的装修消费团队实地参观、体验、购买家装产品；

（2）组织品牌家装、建材公司布置好展馆，现场展示优秀、独特的设计创意和装修设计理念。

人员安排：① 团长；② 装修消费者；③ 品牌家装设计师；④ 媒体记者；⑤ ××精品装饰城员工，共计××人。

活动流程：8:30 参与人员（装修团队）报到（××广场）；9:30 装修团队到达××精品装饰城；10:00 优秀品牌家装、建材公司现场展示设计创意和装修理念，20 套家居装饰方案现场大赠送；13:00-17:00 现场参观、体验、购买（每一小时回馈客户大抽奖）；17:00 集合回××广场

物品准备：

项目	内容	数量	要求及说明	完成时间	执行和跟踪	负责人	备注
欢乐家装赶集会	场地布置：拱门、横幅、背景板、刀旗、空飘气球						
	抽奖物品：室内加湿器、豪华室内加湿器、电动自行车、豪华电动车、家庭影院、豪华家庭影院、装饰方案KT板效果图						

抽奖奖品：

（1）签单最终结算金额在 2 万元以上的，送室内加湿器+价值 1 000 元的现金消费卡 1 张；

（2）签单最终结算金额在 3 万元以上的，送室内豪华加湿器+价值 1 500 元的现金消费卡 1 张；

（3）签单最终结算金额在 4 万元以上的，送电动自行车一辆+价值 1 000 元的现金消费卡 1 张；

（4）签单最终结算金额在 6 万元以上的，送豪华电动自动车一辆+价值 3 000 元的现金消费卡 1 张；

（5）签单最终结算金额在 8 万元以上的，送家庭影院一套+价值 4 000 元的现金消费卡 1 张；

（6）签单最终结算金额在 10 万元以上的，送豪华家庭影院一套+价值 5 000 元的现金消费卡 1 张。

现场布置：设置企业风采区、赶集会促销区、家居装饰方案展示区、现场抽奖区。

五、宣传媒体

本次活动主要选择××房地产界著名杂志《××》和××市发行量最大、影响力最大的报纸《××晚报》两大平面媒体，结合电视台节目和现场发放折页等方式进行有效推广。

1. 前期宣传

（1）《××》杂志发布活动预告，采用软文形式全面介绍 ××精品装饰城和××印象楼盘；

（2）结合项目形象宣传，《××晚报》底版发布预告，图文结合介绍××印象楼盘。

2. 现场推广

（1）共建绿色家园——家居装修公益讲座：通过主持人介绍宣传××印象楼盘，发放楼盘介绍书及宣传单；

（2）欢乐家装赶集会：现场布置喜庆又不失庄重，通过拱门、刀旗、空飘气球等装饰，烘托热闹又独特的活动氛围；

（3）现场记者采访报道。

3. 后期宣传

（1）《××》杂志报道活动开展情况；

（2）《××晚报》底版整版文章结合图片报道活动情况。

六、经费预算

项目	内容	单价	数量	金额	备注
共建绿色家园——家居装修公益讲座	邀请函				
	鲜花				
	主讲人费用				
	媒体广告发布				
	海报、楼书				
	横幅、背景板				
	签到本、抽奖券				
欢乐家装赶集会	拱门				
	横幅				
	背景板				
	刀旗				
	空飘气球				
	室内加湿器				
	豪华室内加湿器				
	电动自行车				
	豪华电动车				
	家庭影院				
	豪华家庭影院				
	装饰方案 KT 板效果图				
	接送车				
	邀请记者				
总计					

七、效果预测

1. 共建绿色家园——家居装修公益讲座

采用现场提问的形式，解答客户的装修疑问，培养彼此之间的感情，挖掘潜在客户。

2. 欢乐家装赶集会

通过与媒体的合作、赠送装修效果图和抽奖活动，吸引更多的消费者参与，扩大××精品装饰城市场占有率，有效提高市场利润。

本次活动的任务是树立良好的服务形象，拉动潜在客户，从而推动××印象楼盘的销售和××精品装饰城的销售额，我们务必群策群力，使活动顺利进行。

××活动策划团队

2017 年 2 月 10 日

 拓展训练

1. 请将"例文赏析"中的标题改写成正标题+副标题形式。

2. 请根据"例文赏析"中的主题，在原有的活动安排环节中再策划"系列活动 3"，要求具备可行性和创新性，与主题相符合。

3. 每年五月是杭州忙碌的招生月，为了更好地吸引家长和学生的目光，让前来咨询的家长能够对专业一目了然，招生办的教师在全校范围内组织了一次"专业部招生策划方案"大赛。听到消息后的你跃跃欲试，请你结合本专业拟写一份招生策划方案，参与这次比赛。

 任务评价

策划方案拟写评分表

评价项目	评价要点	分值	自评	师评
内容与结构	策划方案结构合理、内容完整	10		
	策划主题明确、新颖	10		
	策划背景分析到位，目的表达明确	10		
	时间、地点合理、明确	5		
	目标公众定位准确	5		
	活动计划详细，可行性强，操作性强	20		
	媒体选择正确、合理	10		
	经费预算具体、合情合理	10		
	效果评估真实	10		
语言	语言规范准确，无错别字，标点符号正确	10		
总　分		100		

任务三　活动总结

任务目标

知识目标：掌握活动总结的写作方法与结构。
技能目标：能熟练地拟写活动总结。

任务描述

活动总结是对过去一段时间内公共关系各项工作或某一个活动的回顾和梳理。公关人员通过活动总结寻找规律、积累经验、查找不足、吸取教训，为下次公关活动提供借鉴，少走弯路或者不走弯路。同时，活动总结还可以通过某种渠道进行发布，起到宣传交流和宣传组织形象的作用。活动总结作为一项活动结束的标志，使用很广泛。通过本任务的学习，公关人员应掌握活动总结的结构与写法，能够熟练地拟写活动总结。

任务情景

共守碧水蓝天——××花园别墅植树节环保公益活动圆满落幕

近日，雾霾问题成为人们关注的焦点，多个城市空气质量不容乐观，××市市民在周末选择了远离市中心，去碧水蓝天之下寻找清新空气。

3月12日，东湖湖畔的××花园别墅就迎来了一批热爱碧水蓝天、热爱绿色生活的××市民。共有近200名老业主和新客户参加了本次植树环保公益活动，所有参与者被划分为10组，共同将一棵棵小树苗栽种在××花园别墅绿化区内。活动现场气氛热烈，很多客户都是带着家人一起积极加入植树队伍。

此次××花园别墅植树节环保公益活动独具一格地将植树的道具和工具以任务卡的形式分发，不仅让小孩兴致高涨地参与到活动中来，而且大人也都是在活动开始前就跃跃欲试。在小树苗成功栽下后，许多家长都在许愿牌上写下了自己对于健康及孩子的恳切愿望。

除了植树活动外，××花园还推出了一系列活动，例如：

活动一：万颗魔豆免费送。3月9—12日共送出了10 000颗魔豆。

活动二：微景观小盆景DIY。3月14日，来访××花园的市民共制作了100盆微景观小盆景。

活动三：绿色出行，从我做起。截至3月15日16点，共有1 027位微信用户参与"绿色行动接力"，将活动消息转发好友或朋友圈。

　　活动四：绿色兑换，环保同行。3月12—15日，"旧书换绿植"活动组委会共收到83本书籍和杂志。××市印象小学五年级（2）班的陈挺小朋友，在这次"旧书换绿植"活动中，捐赠了32本学生课外读物，获得"最佳贡献奖"。

　　所有活动在3月15日落下帷幕，此次活动深受业主和广大市民的喜爱，让大家共同参与爱护环境、保护环境的活动，同在一片蓝天下，共筑青山绿水。

　　周一上班，王丽就看到了关于公司上周举行植树节环保公益活动的消息。她突然想起了上周活动结束时，总经理吩咐她要做好此次活动的总结，她决定写好这篇总结，并在下班之前完成任务。

 任务分析

　　要写好这篇活动总结，首先，要在日常工作中注意收集活动资料；其次，要仔细研究材料，将活动进行横向或纵向之间的对比，提取本次活动的亮点，总结经验，分析活动存在的不足之处；最后，要采用正确的结构和写法，整合材料，使之成为一篇结构完整、格式规范的活动总结。

 **任务实施**

　　活动总结的结构是：标题、正文、落款。

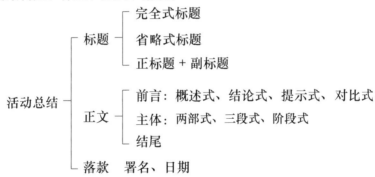

1. 标题

活动总结的标题有三种写法。

（1）完全式标题。由活动总结的单位名称、时限、内容和文种名称四个要素构成。如"××公司××年公关工作总结"。

（2）省略式标题。① 省略单位名称：由时限、内容和文种名称三个要素构成。如"××年公关工作总结"。② 省略时限：由单位名称、内容和文种名称三个要素构成。如"××公司公关工作总结"。③ 省略单位名称、时限：由内容和文种名称组成。如"公关工作总结"。

（3）正标题+副标题。正标题一般用一句话概括总结主要内容或基本观点，副标题一般标示总结者、总结适用时限、总结内容、文种名称等，用来说明解释正标题。

2. 正文

活动总结正文一般由前言、主体、结尾组成。

（1）前言。一般简明扼要地概括某项公关活动的基本情况，包括活动开展的背景形势、主要活动情况、活动效果、必要说明等。前言要写得直接简要，统领全文。

① 概述式。概括介绍总结的时间、背景、基本做法、主要成绩等。

② 结论式。先明确提出结论，揭示重点，然后引出下文。

③ 提示式。对工作的主要内容做提示性的简要概括，不涉及经验教训。

④ 对比式。对有关情况的背景、优劣、正误做出简略比较，进而表明所要总结的基本情况。

（2）主体。它是总结的核心部分。公关活动总结，一般包括主要的成绩与经验、存在的问题和教训。这部分内容较多，又需要对事实进行理论上的分析归纳，所以，应根据实际内容和表达的需要采用相应的结构形式。

① 两部式，即第一部分写做了哪些工作、取得了哪些成绩，并归纳出主要经验；第二部分写存在的问题和今后应采取的措施。

② 三段式，即第一段写工作的基本情况和取得的成绩；第二段写经验和体会；第三段写存在的问题和今后应采取的措施。

③ 阶段式，即按时间顺序安排结构，把活动的过程分为几个阶段，再分别对每个阶段的情况进行分析总结。

不管采取哪种结构形式，均可采用条款式结构，采用加序号或用小标题的方式来揭示各项内容的主旨，厘清全文的脉络。同时，几种形式并不是严格分开的，可以同时使用，只要思路清晰即可。

（3）结尾。常常用来概述今后的打算或是努力的方向。这一部分既要说明工作中存在的问题，也要针对这些问题，提出对以后工作的改进和设想。如果这项内容已在主体中表述，则不用再另加结尾。

3. 落款

在正文的右下方分两行写，第一行写单位名称或个人姓名，第二行写具体的日期。有的将单位名称或个人姓名写在标题下一行，落款处只写日期即可。

 知识平台

1. 活动总结的概念

活动总结就是把某个时期内的某个活动开展的情况进行全面的回顾、检查、分析和评判，从中归纳出经验或教训，以明确未来的努力方向，指导今后工作的一种事务性应用文。

2. 活动总结的特点

（1）回顾性。活动总结是对已经过去的一个时期的活动开展情况进行回顾的应用文。应肯定成绩，将成功的经验加以提炼，归纳出带有普遍性的规律；对不足之处进行理性的分析，以便今后吸取教训，采取新的措施加以改进。

（2）真实性。活动总结应该坚持实事求是的原则，对成绩和经验不能夸大其词，对存在的问题也不能避而不谈。只有客观地对活动进行总结，才能对以后的工作起到促进作用，发挥总结的效力。

（3）平实性。总结以概括性叙述为主要表达方式，并辅以适当的议论。它不必把事情的经过写得完整而详细，也不需要细节描写，只需用平实的语言去概述"做了什么""完成得怎么样"即可。总结需要实实在在的数据和事例去证明观点。

 例文赏析

学校安全生产月活动总结

为认真贯彻实施××市教育局关于开展"安全月"活动的通知和《关于在全市中小学开展创建平安和谐校园活动的意见》，真正把我校学生安全工作落实到实处，确保全校师生的人身安全，学校围绕安全工作开展了以抓安全、查隐患、堵漏洞、自防自护为主要内容的校园"安全管理月"活动。活动的开展，增强了学生的安全意识和自我防护意识。全校范围内形成了"一切为了孩子，为了一切孩子，为了孩子一切"的共识，安全管理责任到人、到部门、到具体工作，收到了预期的效果，活动后全校未发生一例安全伤害事故。现将活动的开展情况总结如下。

一、学校重视，组织机构健全，保障有力

加强组织领导、强化安全责任意识，学校领导班子高度重视学校安全工作，自办学以来始终把学生安全管理作为学校一切工作的重中之重，明确提出了"关心孩子未来，责任重于泰山"和"安全高于一切"的管理理念。围绕学生安全问题，在康校长主持下，就落实教育局安全工作会议精神召开了专项会议，成立以教学副校长为组长，教务部、竞训部、学生部负责人为成员的安全工作小组，明确了责任分工，理顺工作机制，使工作有主管、问题有落实、责任有分工。工作小组连续两次召开专题安全工作会议，进一步明确学校各部门、各老师、教练员的安全责任，把安全教育工作列入岗位职责范畴中。

二、落实安全责任追究制

学校进一步明确了"各球队教练员为球队安全管理的第一责任人、各班班主任是本班级安全管理的第一责任人"的责任分工，对所管队伍、班级的财产和人身安全负全面责任，把安全责任及安全教育作为抓手，贯穿于各项工作的始终，创建"平安校园"。对因思想认识不足、宣传教育不到位、安全责任不落实、安全隐患不消除的责任人限期整改，对导致发生安全责任事故的，严肃追究第一责任人的责任。

三、认真贯彻落实"安全第一、预防为主"的方针，扎实开展好安全教育活动

以"关注安全、关爱生命"为主线，突出"创建平安和谐校园"的主题，通过宣传教育，开展"安全伴我在校园"活动，使全体师生牢固树立"安全第一"的思想，增强自我防护意识，培养学生的自我防护能力，避免事故发生，确保师生人身和学校财产安全。

四、以系列安全活动为载体，形式多样地开展"安全教育管理月活动"的宣传

（一）加大宣传力度，强化师生安全意识

1. 通过校园广播站、宣传栏、黑板报等阵地，广泛宣传消防、交通、饮食卫生等方面的

安全常识，提高全体师生的安全意识和自我防护能力。特别是结合××××中学学生杀人案件、个别高校大学生跳楼事件，以及×××小学遭雷击事件，召开班、队会，用生动的案例、惨痛的教训增强师生的安全意识与自护能力。

2. 充分发挥主题班、队会等阵地的作用，以学校《学生安全常规》《安全知识手册》和《学生外出管理规定》为素材，大力加强学生良好行为习惯的培养，克服麻痹思想，让学生牢固树立"时时讲安全、处处讲安全、安全第一"的思想。

3. 认真组织全体教职员工深入学习和贯彻《教育法》《教师法》《中小学教师职业道德规范》及《学生伤害事故处理办法》等相关法规，增强依法执教、依法管理的意识，杜绝体罚和变相体罚学生的行为，增强责任意识和防范意识，提高处理安全问题的能力。

（二）以活动为载体，增强安全教育的效果

1. 举行"安全伴我在校园"主题班队会。6月份第一个星期日，在全校开展了《安全伴我在校园，创建平安和谐校园活动》主题班队会，要求学生从自我做起，从小事做起，保证自己的安全，保证他人的安全，共同构建起和谐安定的"平安校园"。

2. 开展"远离毒品、远离网吧，珍爱生命"主题教育活动。为全面贯彻落实国家禁毒工作会议精神，增强青少年群体防毒、拒毒能力，远离毒品，珍爱生命，组织学生到××××禁毒中心参观禁毒展览，号召广大学生加强学习国家禁毒方针政策、法律法规，不断增强法制观念，提高防毒、拒毒的自我保护意识，进一步增强明辨是非、抵制诱惑的能力，构筑抵御毒品侵害的牢固思想防线；从自我做起，自觉树立"防毒拒毒，从我做起"的主人翁意识，要远离毒品，远离歌舞厅、游戏厅、网吧等不利于青少年健康成长的娱乐场所，注重学习，历练品格，强健体魄，养成高尚的情趣、良好的习惯和健康文明的生活方式，用健康的行为抵御毒品的侵害。同时，要积极投身禁毒斗争，当好禁毒"宣传员"。

3. 加强制度学习，加大校园管理力度

组织学生学习《学生安全管理制度》，在全校学生中开展了"上网利弊大讨论"活动；结合网吧出现的凶杀事件和火灾事件对学生进行警示教育，教育学生自觉抵御网吧的诱惑，并加强夜间的巡查力度；各班级、球队加强了对学生上课、训练的考勤工作，减少了学生私自外出的空间；针对学校临近××路，易发交通事故的情况，对学生进行了交通安全教育和"拒乘黑出租"系列宣传活动。

4. 加强学生外出的管理，严格执行请假制度和接送制度。对外出的队员必须仔细询问原因、地点，限制时间，要求队员及时销假；初三及以上的队员外出必须3人以上，其他小队员外出，必须由生活老师或教练员带领，否则不予放行；要求队员不能进网吧、游戏厅、歌舞厅等娱乐场所；外出时要注意安全，妥善保管好自己的钱物，过马路要走人行道并观察过往车辆，严禁乘坐无正规手续的黑出租。

5. 组织学生学习消防安全常识、夏季防雷击教育和组织全校学生进行了防震、防空疏散演习活动，提高学生紧急情况下的应变能力。为每座学生公寓配备了消防设备，为了让师生了解更多的消防安全知识，积极宣传消防安全常识，让师生学习使用灭火器的方法和雷雨天气应注意的事项。6月15日，在全体师生中开展了地震时人员疏散演习，这项活动的开展使师生们进一步了解了不同天气、不同灾难来临时有关的安全知识，提高了师生安全意识和技能，对于切实搞好学校安全整治工作，保证师生人身安全大有裨益。

6. 举办了学生青春期安全教育讲座和自尊自爱教育，教会学生正确处理与异性的关系，建立和谐的同学情谊。

7. 为防止艾滋病对青少年的毒害，对全校学生进行了抵御艾滋病、培养良好道德情操的宣传教育活动，教育学生养成文明健康的生活习惯，远离不健康娱乐场所。为进一步增强对艾滋病的认识，组织学生进行"换水"实验，通过直观教育提高了学生对艾滋病的认识。

8. 进行了两次全校安全大检查，工作小组成员对学生宿舍、教室、训练场、学校健身广场、学生餐厅进行了安全检查，对损坏物品及时与物业公司取得联系，将安全隐患及时消除；由学校医疗中心负责在全校师生中开展了"手足口病预防"教育；在学校物业公司的配合下，组织开展了"夏季饮食安全教育"活动，教育学生注意饮食安全，不买"三无"食品，餐前饭后半小时内不吃冷饮，注重营养搭配，不挑食；物业公司每天对餐厅用具进行消毒处理，加强了对采购食品的安全检疫，严把进货质量关，确保了学生饮食安全。

总之，安全管理是一项长期细致的工作，必须常抓不懈。正是因为我校能从实际出发不断健全和完善学校安全工作规章制度，全员重视，措施完善，职责分明，监督到位，才形成了学校安定和谐的良好氛围。今后，我校将一如既往地重视安全管理工作，及时解决安全工作中出现的新问题，不断提高学校安全教育工作水平，让学生安心，家长放心。

××学校

××××年×月×日

 拓展训练

请你以过去一年的学习生活为主题，拟写一篇个人学习生活的总结。要求：符合总结的基本格式和写法，不少于300字。

 任务评价

活动总结拟写评分表

评价项目	评价要点	分值	自评	师评
内容	标题正确、规范	10		
	开头概括准确、简洁	20		
	主体内容完整，成绩、经验、问题和教训评析得当	30		
	小标题概括恰当准确	10		
结构	结构清晰，层次分明	10		
	落款正确，得当	10		
语言	语言平实准确，无错别字，标点符号正确	10		
总　分		100		

项目三 交际礼仪

任务一 贺 信

任务目标

知识目标：了解贺信的用途；掌握贺信的写作方法与结构。

技能目标：能熟练地拟写贺信。

任务描述

随着社会的发展和文化的繁荣，组织与公众之间的交往日益增多。做好组织与各方面公众的沟通，协调组织与公众的关系，成为公共关系工作的一项重要内容。而协调组织和公众的关系，反映这种社会交往的规矩和礼仪的文字，就称为公共关系礼仪文书。公共关系礼仪文书的类型有很多，贺信就是其中之一。本任务围绕贺信的用途和如何拟写展开分析和介绍，通过本任务的学习，公关人员应了解贺信的用途和功能，能够熟练地拟写贺信，并知道贺信在协调组织与公众关系方面的重要作用。

任务情景

今年是××电器公司产品面市的第 8 年，目前，公司已成为国内冰箱行业产销均名列前茅的企业，年产值近 10 亿，步入全国 500 强民营企业行列。同时，公司也十分重视起纽带作用的经销商的工作，除在经营利益上坚持"双赢"原则外，还致力于建立稳定的经销基础，通过经销商来不断壮大企业的用户队伍。

××公司就是××电器公司最大的经销商。在××电器公司上海分公司的协助下，两家公司的合作已有 6 年，除了生意合作外，两家公司还一起开展技术培训、共享用户信息、共同开发新产品，从而建立了牢固的合作基础。

4 月 8 日，××公司第 20 家连锁店将在成都开业，总经理交代王丽以公司的名义向××公司发一份贺信，以祝贺该公司第 20 家连锁店开业。

任务分析

拟写贺信，首先应该熟练掌握贺信的写作格式、要求和常用语言等。在语言上要慎重用词，注重感情，对对方的评价要恰如其分，防止言过其实，应给人以热情、准确、简练、通俗、得体的印象，在篇幅上要尽量简短。王丽要完成拟写贺信的任务，应了解该公司的发展历程和企业优势，以及该公司第20家连锁店开业后可预见的发展前景，才能在写作中做到心中有数。

 **任务实施**

贺信的结构是：标题、称谓、正文、结尾和落款。

贺信 {
标题 { 直接写"贺信"
×××致××××的贺信

称谓　写被祝贺的单位或个人

正文　写致贺的事由并表示祝贺
概括对方所取得的成绩，并分析取得成绩的主客观原因，提出祝愿和希望

结尾　写祝颂语

落款　写明单位名称或个人姓名，署明成文日期
}

1. 标题

贺信的标题可直接写"贺信"二字，也可以在"贺信"的前面注明是谁写给谁的，如"×××致××××的贺信"。

2. 称谓

在标题下一行顶格写被祝贺的单位或个人。如果是写给个人的，要用尊称，并在姓名后加上相应的礼仪名称，如尊敬的×××先生，称谓后面用冒号。

3. 正文

贺信的正文应交代清楚几项重要内容，可采用三段式的结构来写。

第一段写致贺的事由并表示祝贺；

第二段概括对方所取得的成绩，并分析取得成绩的主客观原因，以及其中的意义，使对方感到鼓舞和激励；

第三段提出祝愿和希望。

此外，致贺双方如果是平级关系，在表示祝贺之外，还应该提出向对方学习的内容；如果是下级单位给领导机关的贺信，除表示祝贺外，还应该表明自己的决心和态度；如果是上级单位给下级部门的贺信，应该对成绩加以肯定，并着力表示慰问和鼓励；如果是写给个人的贺信，应着重赞扬其所具有的优良品德及意义。

4. 结尾

此部分主要写祝颂语，如"此致、敬礼"或"祝争取更大的成绩"或"祝您健康长寿"等。

5. 落款

写明单位名称或个人姓名，并署上成文日期。

 **知识平台**

1. 贺信的用途

贺信是指在各种喜庆场合对人对事表示祝贺而写的书信、电文或对联，带有交际和礼仪的性质。它可以用于国家之间、政党之间、组织之间、个人之间，以及组织与个人之间，或用于祝贺组织或个人取得卓越成就和作出巨大贡献，或是用于祝贺重大会议、庆典的举行，或是对个人的就任、晋级、寿诞表示祝贺。例如，祝贺重要会议的召开、某项工程的竣工或某一科研项目取得较大的成果，或者某个重要的纪念日、某些重要人物的诞辰等。

2. 贺信的作用

贺信的主要作用是沟通情感、增进友谊，在发展人际、组织间的关系方面具有重要的作用。

3. 贺信写作注意事项

（1）贺信的内容要实事求是，对对方的评价要恰如其分、准确可靠，防止拔高。

（2）感情饱满、充沛、真挚，切忌冷冰冰的陈述和评价。

（3）语言简明扼要，要求精练、简洁、明快，不堆砌华丽辞藻，要有新意，避免陈词滥调。

 **例文赏析**

贺　　信

××公司：

欣闻××医药公司成功改制为××医药股份有限公司，这是贵公司发展历程中具有里程碑意义的大喜事。值此××医药股份有限公司揭牌之际，光明公司董事长兼总经理李文携全体员工向××公司王董事长及全体同仁致以最热烈的祝贺！

具有40年光荣历史传统的××公司秉承"勤勉，高效"的企业精神，解放思想，更新观念，抢抓机遇，求真务实，开拓进取，创造了一个又一个药业奇迹，为我国医药行业的发展和现代化建设做出了突出的贡献，成为国内医药界学习、尊敬和推崇的楷模。

××医药公司改制为××医药股份有限公司掀开了企业发展崭新的一页，也标志着××公司向着现代化、国际化大公司又迈出了更加坚实的一步。我们坚信，在王董事长及董事会的正确领导下，通过经营层和全体员工的不懈努力，贵公司必将迎来更加辉煌和灿烂的明天！

最后，借贵公司揭牌之际，衷心希望我们同心携手，进一步增进相互间的友谊，不断加强双方的合作，用智慧和双手创造我们更加美好的未来。

衷心祝愿××公司蒸蒸日上，兴旺发达！
衷心祝愿××公司全体员工身体健康，生活更加美好！

××公司
2017 年 5 月 1 日

 拓展训练

1. 案例分析：阅读下面一则贺信，指出存在的问题并改正。

> 贺　信
>
> 亲爱的××公司各位同仁：
> 　　值此贵公司成立十周年之际，获悉贵公司在业务领域取得了一个又一个的成绩，特向你们致以热烈的祝贺。希望你们再接再厉，取得更大的成就。
> 　　谨致
> 　　　敬礼
>
> 小文

2. ××公司经过三年的改革，终于扭亏为盈，企业步入良性运转阶段，为日后的可持续发展打下了基础。在岁末年初之际，××集团拟向××公司的领导和员工发一封贺信，以密切双方的合作关系，请你代为拟写此贺信。要求：格式正确，内容完整，文字标点规范。

 任务评价

贺信拟写评分要点

评价项目	评价要点	分值	自评	师评
内容	贺信内容的各要素齐全	15		
	贺信的正文要写致贺的事由并表示祝贺，概括对方所取得的成绩，并分析原因和意义，提出祝愿和希望	25		
	祝贺的内容要实事求是，对对方的评价要恰如其分、感情饱满	15		
结构	格式规范、有条理	5		
	主体内容完整，包括引语、主体、结尾三部分	20		
	标题、称谓、结语、落款部分无遗漏，规范	10		
语言	语句通顺，无错别字，标点符号正确	10		
总　　分		100		

任务二　感　谢　信

任务目标

知识目标：掌握感谢信的写作方法与结构。
技能目标：能熟练地拟写感谢信。

任务描述

企业要想发展壮大，除了自身具有开拓进取、不断创新的精神外，外部组织和公众的支持也非常重要。所以，我们应该时刻保持一颗感恩的心。感谢信就是向公众和社会组织表达感激之情的一种礼仪文书。企业的公关人员通过拟写感谢信，可以向内部的员工和给予企业帮助的组织或者公众传达感激之情。通过拟写感谢信，既可以表达感激之情，也可以加深双方的沟通和联系，还可以塑造良好的组织对外和对内形象。所以，企业的公关人员应该熟练地掌握感谢信的拟写要点，不断地提高拟写水平。通过本任务的学习，公关人员应学会拟写格式规范、情真意切的感谢信。

任务情景

××公司是一家以电器为主打产品的企业。2000 年成立至今，短短十几年，公司的经营领域已逐步拓展到数码产品、家居、物流等领域，年产值近 12 个亿，步入全国 500 强民营企业行列。公司现有业绩与坚持"诚信第一，用户至上"的经营理念是分不开的。在公司的发展历程中，广大的客户给公司提出了很多意见与建议，正是在不断地解决问题中，公司不断地发展壮大，凭借优质的服务、良好的信誉，取得了一个又一个的辉煌成绩。

为了进一步了解用户的需求，公司开展了一次大规模的问卷调查，总共收到 30 余万用户的反馈信件。为此，公司专门抽调人力对信件逐一拜读，并进行分类登记，作为日后生产、经营的第一手资料。

总经理交代王丽以公司的名义拟写一份感谢信，表示对广大用户的敬意和感谢。

任务分析

要写好这封致客户的感谢信，首先，要广泛搜集客户对企业发展提供帮助的素材，感谢的内容必须要真实，详略要得当，切记不要泛泛而谈；其次，表达谢意时要真诚，评誉要恰当，表述要得体，不可夸大，不给人以失真的感觉；最后，要做到格式规范、语言准确、态度诚恳。

任务实施

感谢信的结构是：标题、称谓、正文、结语、落款。

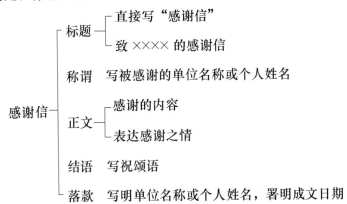

1. 标题

可只写"感谢信"三个字；也可加上感谢对象，如《致李晓华同学的感谢信》《致物业公司的感谢信》；还可再加上感谢者，如《阿里巴巴集团致全体快递员的感谢信》。

2. 称谓

写被感谢对象的单位名称或个人姓名。如"××交警大队""××同志"等，后加冒号。如果感谢的对象较多或者感谢对象不是非常明确，称谓可写统称或者不写。

3. 正文

主要写两层意思，一是感谢的内容，二是表达感谢之情。

（1）感谢的内容。首先，准确、具体、生动地叙述对方提供的帮助，交代清楚人物、时间、地点、事迹、过程、结果等基本情况；其次，在叙事基础上，对对方的帮助做恰当、诚恳的评价，以揭示其精神实质，肯定对方的行为。在叙述和评价的字里行间要自然渗透感激之情。

（2）表达谢意。在叙事和评论的基础上直接向对方表达感谢之意，根据情况也可在表达谢意之后表示以实际行动向对方学习的态度。

4. 结语

一般用"此致、敬礼"或"再次表示诚挚的感谢"之类的话，也可自然结束正文，不写结语。

5. 署名与日期

写感谢者的单位名称或个人姓名，并署上写感谢信的日期。

知识平台

1. 感谢信的概念

感谢信是重要的礼仪文书，是向帮助、关心和支持过自己的集体（党政机关、企事业单位、社会团体等）或个人表示感谢的书信，有感谢和表扬双重意思。一方受惠于另一方，应及时地表达感谢，使对方在付出劳动和贡献后得到心理上和精神上的收益，它是一种必不可少的公关手段。

2. 感谢信的种类

（1）按感谢对象的特点来分：

① 写给集体的感谢信。这类感谢信，一般是个人处于困境时，得到了集体的帮助，并在集体的关心和支持下，最终克服了困难，渡过了难关，摆脱了困境，所以要用感谢信的方式表达自己的感激之情。

② 写给个人的感谢信。这类感谢信，可以是个人，也可以是单位，也可以是集体为了感谢某个人曾经给予的帮助或照顾而写的。

（2）按感谢信的存在形式来分：

① 公开张贴的感谢信。这种感谢信包括可在报社登报、电台广播或电视台播报的感谢信，是一种可以公开张贴的感谢信。

② 寄给单位、集体或个人的感谢信。

3. 感谢信的写作要求

（1）感谢信的感谢内容应具体叙述对方的先进事迹，叙述时务必交代清楚人物、事件、时间、地点、原因和结果，尤其要重点叙述关键时刻对方给予的关心和支持。

（2）感谢信的表达感激之情部分，拟写时应结合感谢内容，热情赞颂对方的可贵精神并表示向对方学习的态度，感情要真诚，态度要诚恳。语言要符合双方的身份，如年龄、性别、职业、境遇等，措辞要恰当。

4. 写作感谢信的注意事项

（1）内容要真实。感谢信的内容必须真实，确有其事。感谢信以感谢为主，兼有表扬，所以表达谢意时要真诚，说到做到。评誉对方时要恰当，不能拔高，以免给人一种失真的印象。

（2）用语要适度。感谢信的内容以主要事迹为主，详略得当，篇幅不能太长，所谓话不在多，点到为止。感谢信的用语要求是精练、简洁，遣词造句要把握好尺度，不可过分雕饰，否则会给人一种不真实、虚伪的感觉。

 例文赏析

感 谢 信

尊敬的局长同志：

您好！我们是××公司的员工，之所以给您写这封信，是因为贵局警察的工作作风、敬业精神，令我们备受感动。

2月底，在我们公司组织员工出外旅游时，发生了一起交通事故。一辆大货车与我车

发生碰撞，致使我们的车辆爆胎，被迫停在路旁，车上有人受伤，情况万分紧急。在拨打110后，市公安局高速大队的大队长亲自出警，在了解情况后，他果断指挥，先安排将受伤人员送进医院治疗，随后安排我们去队里处理事故事宜。到大队后，民警给我们每人送上一杯热茶，礼貌待客。民警们耐心、细致、周到、热情，处理事故迅速，让人十分感动。他们并没有因为我们是外地人而有丝毫怠慢。可想而知，他们平时对待每一位老百姓都是这样，以真心换真心，真正认真贯彻落实了"三个代表"的重要思想。

　　事情处理得很顺利，我们双方当事人都很满意。由于天色已晚，大队长还安排民警帮助我公司人员解决住宿，并购买第二天回程的车票，让我们感受到了家的温暖。我们庆幸在危险时刻遇到了这么好的民警，他们以人为本、急群众所急的工作作风在全民构建和谐社会的今天显得尤其可贵，我们为你们这座城市有这样的警察而自豪！请领导接受我们公司全体员工的感谢和祝福，因为是你们培养和教育出了这样一批牢记"为人民服务"宗旨的好公仆。我们希望通过您转达对民警同志的问候和祝愿，他们的敬业精神让人感动。

　　再次向警察同志致以崇高的敬意！祝你们幸福平安！

　　此致

敬礼

××公司全体员工

2017 年 3 月 15 日

 拓展训练

1. 请阅读下面一则感谢信，指出其中存在的问题并改正。

感　谢　信

×××出租汽车公司：

　　6 月 20 日上午，我公司经理李华乘坐贵公司出租车时，不慎将皮包遗落在出租车上。皮包内有李经理的身份证、名片、护照及银行卡若干，还有现金约 5 000 元。在李经理万分焦急之际，贵公司司机王立先生主动将捡到的皮包交还给了李经理，避免了一次重大的损失。为此，我们再三表示感谢并拿出 500 元作为酬谢，王立先生并没有收取，并表示"这是我应该做的"。在此特拟写此封感谢信给贵公司，深表谢意。

×××公司

2017 年 6 月 23 日

---

2. 某公司最近因企业生产任务较重，员工频繁加班，公司想对员工家属表达谢意，感谢他们对公司工作的理解和支持。请你拟写一封感谢信。要求：格式正确，内容完整，文字标点规范。

 任务评价

感谢信拟写评分表

评价项目	评价要点	分值	自评	师评
内容	感谢内容叙述清楚、具体，能简要评议对方的帮助对自己所产生的影响	30		
	表达感激之情，用语精练、简洁，遣词造句适度，具有感动人心的力量	30		
结构	格式规范、有条理	10		
	主体内容完整、清晰	10		
	标题、称谓、结尾、落款部分无遗漏，规范	10		
语言	语句通顺，无错别字，标点符号正确	10		
总　　分		100		

任务三　请　柬

任务目标

知识目标：掌握请柬的写作方法与结构。
技能目标：能熟练地拟写请柬。

任务描述

在公共关系活动中，凡属较为重要或正式的会议、活动、宴请，如果需要邀请本组织以外的人士参加，通常都需使用请柬。这既是公关礼仪的需要，同时也能起到对所邀请客人提醒和备忘的作用。一份设计精美的请柬，除了已有的礼仪功能外，还是社会组织展示自身形象的特殊宣传品。因此，请柬的设计和制作往往成为会议、活动、宴请准备工作中的一项重要事务。请柬的设计主要包括文字设计和美工设计，本任务主要介绍请柬的文字设计和撰写。通过本任务的学习，公关人员应熟练掌握请柬的特点和结构，能够熟练拟写请柬。

任务情景

××集团在××市经营一家大型的家具市场，曾被授予"全省十大文明市场"，市场年交易额名列全省前30名。

2018年10月8日，××市将举行规模盛大的全国商品交易会。为举办好这次全国商品交易会，推动××市的经济交流与发展，市政府非常重视，设置了"全国小商品展销会""全国农产品交易会""全国家具展销会"等7个分会。其中，"全国家具展销会"由××集团承办。

为了办好这次展销会，××集团本着"树一流市场形象，创一流市场服务"的宗旨早早就投入了筹备工作。展销会旨在促进××市与国内外各家具厂商的交流，发展当地的家具行业。因此，集团特地邀请××市的市长和家具行业的知名经销商等参加本次展销会的开幕式。

总经理交代公关专员（实习生）王丽以××集团的名义给参加此次展销会的嘉宾拟写请柬，向他们发出参会邀请。

任务分析

拟写请帖，需要掌握请帖的写作格式、要求和常用语言等。要写清楚请帖的事由、事项，用词要谦恭，要充分表现出邀请者的热情和诚意；行文要流畅，文字要美观，语言要精练、准确、得体、庄重。只有这样，才能拟写出既符合规范又简洁实用的请帖。写作请帖最为关键的是要把有关事项说清楚，凡涉及时间、地点、人名等关键性词语，一定要反复核实，切不可粗心大意，出现差错，否则会影响公司的形象。

任务实施

一份规范的请柬，无论如何设计，均由封面和内页（正文）两部分组成。特制的请柬封面，一般应写明是什么活动（或者会议、宴请）的请柬。有的时候也可只写"请柬"两字，但在相应部位应配上这一组织的标志，以示与其他请柬的区别。请柬的结构是：标题、称谓、正文、落款。

请帖
- 标题　直接写"请柬"
- 称谓　写被邀请的单位或个人
- 正文　写明被邀请人的活动内容、时间、地点等
  写上请语，如"敬请光临""恭请光临"等
  写"此致、敬礼"等祝颂语
- 落款　写明邀请者的单位名称或个人姓名，署明发请柬日期

1. 标题

一般写"请柬"或"请帖"二字，要求醒目、美观、大方。如果"请柬"二字是写在封面上，应做一些艺术加工，用美术体的字，文字的色彩可以烫金，可以有图案装饰等。不过，一般的请柬通常是已经按照书信格式印制好的，使用者只需填写正文内容即可。

2. 称谓

顶格写被邀请者的姓名及称谓，称谓后加冒号。为体现文种的"雅致"特点，在人名后加以尊称，如"先生""女士""小姐"；有职称、职务头衔的可称"教授""经理"等；也可将职务头衔冠于姓名前，姓名后再加尊称，如"×××公司董事长×××先生"。

3. 正文

（1）写明被邀请人的活动内容、时间、地点等。

（2）请语，写上"敬请光临""恭请光临""恭候莅临"等礼节性的恭候语。

（3）致敬语，如"此致、敬礼"等。

4. 落款

写明邀请者的单位名称或者个人姓名和发柬日期。以单位名义发柬的要盖公章。

 知识平台

1. 请柬的概念

请柬，又称请帖、柬帖、帖子等。它是公关活动中为了邀请各类公众出席各种会议、活动、庆典及社交活动而专门制发的礼仪文书。请柬一般只有遇到庄重的场合才使用，有时可作为入场和报到的凭证。

2. 请柬的作用

（1）使用请柬，既可以表示对被邀请者的尊重，又可以表示邀请者对此事的郑重态度。

（2）凡召开重大的会议，举行各种典礼、仪式和活动，均可以使用请柬。

3. 请柬的形式

请柬按书写形式或排版方式分为横排、竖排两种。横排式请柬如下面的例文一，竖排式请柬如例文二。

4. 请柬写作的注意事项

（1）文字要美观，用词要谦恭，要充分表现出邀请者的热情与诚意。

（2）语言要精练、准确，凡涉及时间、地点、人名等一些关键性词语，一定要核准查实。并且语言要"达、雅"兼备，"达"就是通顺、明白，不至于让被邀请者产生歧义；"雅"就是讲究文字美，根据具体场合、内容，采用恰当的措辞。

（3）在纸质、款式和装帧设计上，要注意艺术性，做到美观、大方。

5. 请柬与邀请函的异同

（1）相同点

① 确指性。发送对象是特定的单位或个人。

② 礼仪性。都具有表达尊重、联络情感的意味。

（2）不同点

① 邀请函内容更具体、更详细、更朴实。

② 请柬比邀请函更具庄重性，更显邀约的正式。

③ 邀请函对象较宽泛；请柬一般发送给平级或上级。

④ 一般情况下，先发邀请函，后发请柬。

 例文赏析

例文一

第 57 届全国农产品展销会

暨 2017 年（杭州）国际农产品展开幕仪式

请柬

尊敬的×××同志：

第57届全国农产品展销会暨2017年（杭州）国际农产品展开幕仪式定于2017年10月25日（星期三）上午9:30在杭州和平会展中心西区（杭州市下城区绍兴路158号）举行。诚邀您届时莅临指导。

第57届全国农产品展销会组委会

2017年10月10日

这是一篇第57届全国农产品展销会组委会邀请×××同志参加第57届全国农产品展销会暨2017年（杭州）国际农产品展开幕仪式的请柬。时间、地点和具体内容在短短一段话中全部表达出来，简洁明确。

例文二

×××先生：

兹定于二零一七年九月二十四日上午九时，在宏远公司一楼礼堂召开公司成立二十周年纪念大会。

敬请届时出席。

此致

敬礼

宏远公司

二零一七年九月十五日

请柬

宏远公司成立二十周年纪念大会

本请柬采用的是竖排的形式，简洁的语言将所要告知的信息全部说出，言简意赅，简洁明快，不拖泥带水。

 拓展训练

1. 案例分析：请分析下文使用请柬这个文种合适吗？存在哪些问题？

请　　柬

×××先生：

　　兹定于 2017 年 3 月 9 日上午 9 时到浙江省第二医院看望病重的×××董事长，届时请准时到浙江省第二医院进行指导。

　　谨致

　　　　敬礼

小文

2. ×××大学拟于××××年×月×日举行建校十周年庆典活动，拟邀请兄弟院校领导参加。请问该拟写什么样的文书呢？

3. ×××大学人文学院商定于 2017 年 10 月 20 日上午 8 点举行第 2 届"读书、读人、读世界"读书会。在会议召开前，请你按要求拟写一份邀请学校领导、老师参加会议的请柬。

建议：简短的请柬包含很多具体的内容。读书会的标题、举办时间、地点、举办者、邀请的嘉宾都要在一封请柬中完整地表述出来，因此要特别注意语言文字的组织。

 任务评价

请柬拟写评分表

评价项目	评价要点	分值	自评	师评
内容	正文内容要素齐全，言简意赅，准确地写明活动的名称、时间、地点	30		
	用词谦恭，充分表现出邀请者的热情与诚意，有典雅的邀请语	10		
结构	格式规范、有条理	10		
	主体内容完整、清晰	20		
	标题、称谓、正文、落款部分无遗漏，规范	20		
语言	语句通顺，无错别字，标点符号正确	10		
总　分		100		

任务四　欢迎词、欢送词

任务目标

　　知识目标：掌握欢迎词和欢送词的写作方法与结构。
　　技能目标：能熟练地拟写欢迎词和欢送词。

任务描述

　　在公共关系活动中，经常会遇到许多迎送往来的场合，需要有关人员现场致辞。由于这些活动一般由社会组织的公关部门来承办，因此，尽管实际致辞者不一定是公共关系从业人员，但撰写各种致辞的任务却往往由公共关系从业人员承担，所以一名合格的公共关系从业人员，应能熟练地撰写各种致辞。公共关系从业人员经常撰写的致辞，包括欢迎词、欢送词、祝贺词和答谢词等。本任务主要学习拟写欢迎词和欢送词。欢迎词是活动主办方对应邀前来参加活动的领导、嘉宾、客人表示欢迎的一种礼仪性讲话；欢送词是活动主办方对即将离去的考察者、参观者、访问者表示欢送的一种礼仪性讲话。通过本任务的学习，公共关系从业人员应该熟练掌握欢迎词和欢送词的格式和写作规范要求，能够根据不同的场合、不同的内容、不同的对象和不同的需要，熟练拟写欢迎词和欢送词。

任务情景

　　××公司在原主营电子产品研发和销售的基础上，为适应市场和电子自动化产业的发展，转型成为研发、生产、销售电子、电器、矿用产品等多种产品，涉猎多个领域的综合性大公司，经过多年的酝酿，已于近日成功上市。适逢公司成立 10 周年，××公司准备举行庆祝公司成立 10 周年暨成功上市庆典晚会。

　　公司总经理让秘书王丽从总经理的角度分别拟写"××公司在庆祝公司成立 10 周年暨成功上市庆典晚会上总经理的欢迎词"和"××公司在庆祝公司成立 10 周年暨成功上市庆典晚会上总经理的欢送词"。

任务分析

　　拟写欢迎词与欢送词，首先，需要掌握其固定的写作格式、要求和常用语言等；其次，应对所服务的组织的有关情况、所举办活动的性质内容和所出席人员的层次、范围、特点有一定的了解，只有这样，才能在写作时顺畅自如。最后，语言方面要讲究礼貌、注重情感、通俗动听、表达委婉，并在篇幅上尽量简短。张丽拟写欢迎词与欢送词的关键是要以总经理的口吻表达出××公司对宾客的尊重之情和友好之意，语言要热情而得体。

任务实施

1. 欢迎词的格式及写法

欢迎词的结构是：标题、称谓、正文、结尾和落款。

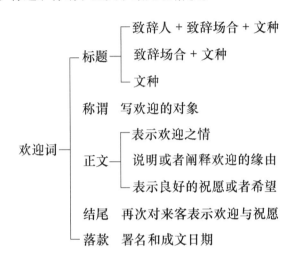

（1）标题。标题一般应由致辞人、致辞场合和文种三个要素组成，例如"×××在欢迎新员工仪式上的欢迎词"。也可以省略致辞人姓名，由致辞场合和文种组成，如"在贸易洽谈会上的欢迎词"。还可以直接以文种作为标题，如"欢迎词"。

（2）称谓。欢迎词的称谓有专称和泛称两种。专称要写明宾客的姓名，在称谓的前面可加上诸如"尊敬的""亲爱的"之类的修饰语，并在其后加上被欢迎宾客的头衔，也可加"先生""女士""夫人"等。泛称有"女士们、先生们、同志们、朋友们"等，用以表示对所有到场者的尊重。

（3）正文。正文是欢迎词写作的主体，应根据实际情况表达不同的内容。

开头要表示欢迎之情。一般先用简短的语句交代举行什么仪式，发言者代表谁向宾客表示欢迎、问候。

主体部分说明或阐明欢迎的缘由，可叙述彼此的交往历史与友谊，对宾客在交往过程中所做的贡献予以赞扬，突出双方合作的成果，并表示继续加强合作的意愿，对初次来访者可多介绍本单位的情况。

正文结尾应热情地表示良好的祝愿或希望。

（4）结尾。用简短的话语，再次对来宾表示欢迎与祝愿。

（5）落款。写明单位名称或个人姓名，并署上成文的日期。

2. 欢送词的格式及写法

欢送词的结构是：标题、称谓、正文、结尾和落款。

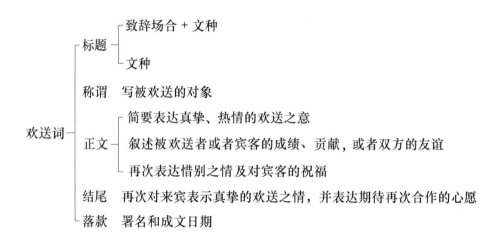

（1）标题。标题一般有两种写法：一是由致辞场合和文种组成，如"在欢送会上的讲话"；二是直接以文种作为标题，如"欢送词"。

（2）称谓。即对被欢送宾客的称呼，一定要写得礼貌得体，符合礼仪。

（3）正文。正文是欢送词写作的主体，应根据实际情况表达不同的内容。首先，简要表达真挚、热情的欢送之意；其次，叙述被欢送者或宾客的成绩、双方的友谊，并对此做出积极的评价；最后，要再次表达惜别之情，以及对宾客的祝福和勉励。

（4）结尾。结尾应再次向对方表示真挚的欢送之情，并表达期待再次合作的心愿。

（5）落款。在正文的右下侧，写明致辞的机关、致辞人姓名，并署上日期，也可只署名。

 知识平台

1. 欢迎词与欢送词的概念

欢迎词是活动主办方对应邀前来参加活动的领导、嘉宾、客人表示热诚欢迎的一种礼仪性讲话。欢迎词可以以组织或者个人的名义发表，具有礼貌热情、篇幅短小的特点。

欢送词是活动主办方对即将离去的考察者、参观者、访问者表示欢送的一种礼仪性讲话。

2. 欢迎词和欢送词的特点

（1）口语化。作为讲话稿，口语化是欢迎词和欢送词共同的显著特点。欢迎词和欢送词都是现场向宾客口头表达的，所以口语化是必然要求。在遣词用语上要运用生活化的语言，既简洁又富有生活的情趣，还会拉近主人同来宾的关系。

（2）情感性。致欢迎词时要感情饱满、语气愉悦，表现出致词人的真诚。只有这样才可以给客人一种"宾至如归"的感觉。致欢送词要表达依依惜别之情，当然也不可过于低沉。

3. 欢迎词与欢送词写作的注意事项

（1）语言应亲和、饱含真情。须亲切、真挚、诚恳，要符合实际情况，能适当引导出席者的情绪，以创造出一种友好的气氛，密切关系，推动双边合作。

（2）注意礼貌，既尊重对方，又不卑不亢。

（3）有分歧的问题、意见不一致的问题不在言辞中表露。

（4）语言要便于交际场合朗读、演说，即上口、好读。

（5）动笔之前，要了解对象的基本情况，比如已取得的成就及影响、大会的宗旨、工程建设的目的等。这样，才能切合实际、有的放矢、言之有物。

（6）篇幅应短小精练。

4. 欢迎词和欢送词的写作模板

（1）欢迎词参考模板。

欢　迎　词

×××××：

　　首先，我高兴地代表××××向××××的到来表示热烈的欢迎！（表达情感）

××××是××××，××××，××××……（介绍情况）

我们希望××××，××××。最后我提议，为××××干杯！（表达情意）

××××
××××年××月××日

（2）欢送词参考模板。

欢　送　词

×××××：

　　今天，我们欢聚一堂，欢送××××一行。（表达情感）

在××××期间，××××，××××……（介绍情况）

我们希望××××，××××。最后祝××××一路平安，身体健康！（表达情意）

××××
××××年××月××日

 例文赏析

例文一

欢　迎　词

尊敬的××董事长、尊敬的考察团全体成员：

　　大家好！

　　今天，美丽的古城迎来了我们最尊贵的客人，对此，我们表示最热烈的欢迎和真诚的祝愿，愿大家在古城心情愉快，万事如意！

　　××集团与我公司已经建立了长期、友好的合作关系。多年来，贵公司一直大力支持我们的工作，今天××董事长亲自率领考察团一行对我公司的生产技术、经营管理进行指导，我们再次表示热烈的欢迎和衷心的感谢！

　　××董事长先生，你们先进的企业运营理念、科学的经营模式，一直是我们学习的榜样，这次的现场指导定会使我们的技术和管理人员开阔视野、解决疑难。我相信这次指导不仅能进

一步加深双方的了解与信任，促进我们双方友好合作关系的进一步发展，更能寻找到、搭建起更广阔、更深入的合作平台。

最后，让我们以热烈的掌声，向××董事长和考察团的所有成员表示热烈的欢迎！

谢谢大家！

××

2017 年 8 月 15 日

例文二

欢　送　词

尊敬的各位领导、老师，亲爱的同学们：

岁月承载着历史的步伐，天地积淀着文明的精华，又是一载流光溢彩，又是一季桃李芬芳。我们的×××老师在教育一线兢兢业业、勤勤恳恳工作了 35 年，今天即将退休了。尊敬的×××老师，今天我们全体师生怀着无限崇敬的心情，特为您举行欢送会。

×××老师，您用知识的甘霖滋润着学生的心田，您用青春的热血承传着人类的文明，您用无悔的青春演绎着诗意的人生，您用 35 年的执着选择了淡泊，您用 35 年的平凡造就了伟大，您用 35 年的高尚摒弃了功利，您用 35 年的微笑勾画着年轮……35 年来，您始终默默无闻、无私奉献；35 年来，您在工作中一直乐于吃苦、敢挑重担；35 年来，您不但坚持教主要课程，而且长时间任学校出纳。无论教学工作还是出纳工作，您都用崇高的使命感和高度的责任感去对待，您都能一丝不苟地出色完成任务。您任出纳多年，票据整理得整齐而且规范，账务、财务料理得鱼白水清；您担任主课教师，每年统考成绩都能居于中上游，从来没有为学校抹黑。临近退休了，您仍然教主课，还担任班主任。不管分内分外事，您都能挺身而出却不计较利益。

我们相信，您即使离开了讲台，仍然会心系校园，关注教育。我们真诚邀请您退休后经常光临办公室，经常提出您的合理化建议，经常献一献您的锦囊妙计。让我们真诚祝愿：祝愿您在每一个红红火火的日子里都有一份好心情！祝愿您快乐幸福，安康永远！

×××

××××年×月×日

 拓展训练

1. 案例分析：阅读这则欢迎词，请找出五个错误的地方，并说明理由。

欢　迎　词

> 今天我们能在这里欢迎我们尊贵的客人米勒先生和夫人，感到非常高兴。我心潮起伏、热情澎湃。米勒先生和夫人是我们的老朋友，对我国人民怀有深厚的感情，对我国的建设事业做出了巨大的贡献。他们的到来，意味着我们的合作事业进入了一个新的阶段。
>
> 我们过去有过良好的合作基础，我相信，我们将愉快地进行新的合作。

2. 某酒店为适应市场和餐饮业的发展而改建成为集餐饮、住宿、娱乐、承办会议为一体的综合性大酒店，现计划于 2017 年 1 月 1 日正式开业并举行新老客户入住体验活动。请你代酒店总经理拟写"开业庆典欢迎词"和"欢送宴会欢送词"。

 任务评价

欢迎词、欢送词拟写评分标准

评价项目	评价要点	分值	自评	师评
内容	欢迎词和欢送词内容的各要素齐全	15		
	正文开头要表示欢迎或者欢送之情；主体部分，欢迎词要说明或阐明欢迎的缘由，欢送词要叙述被送者或宾客的成绩；结尾部分，欢迎词要热情地表示良好的祝愿或希望，欢送词要再次表达惜别之情	25		
	内容富有情感	15		
结构	格式规范、有条理	5		
	正文内容完整，包括开头、主体、结尾三部分	20		
	标题、称谓、结尾、落款部分无遗漏，规范	10		
语言	语句通顺，无错别字，标点符号正确	10		
总　　分		100		

任务五 祝 词

 **任务目标**

知识目标: 掌握祝词的写作方法与结构。

技能目标: 能够熟练地拟写祝词。

 **任务描述**

在公共关系活动中,祝词是参加者对活动本身或活动主办方所取得的某一成就表示祝贺的礼仪性讲话。祝词具有沟通双方感情、密切双方关系、增进双方友谊和团结的作用。祝词有格式和规范要求,但需要注意的是,在实际撰写时,公共关系从业人员切忌千篇一律,盲目套用,必须根据不同的场合而有所侧重。通过本任务的学习,公共关系从业人员应明确祝词的作用和类型,并能够在掌握祝词的格式和拟写要求的基础上,熟练拟写适合各种场合的祝词。

 **任务情景**

××公司在原主营电子产品研发和销售的基础上,为适应市场和电子自动化产业的发展,转型成为涉及研发、生产、销售电子、电器、矿用产品等多领域的综合性大公司,经过多年的酝酿,已于近日成功上市。适逢公司成立10周年之际,××公司准备举行庆祝公司成立10周年暨成功上市庆典晚会。

某公司作为××公司的重要客户,被邀请参加此次庆典晚会并在晚会上发表祝词。该公司总经理交代秘书王丽事先拟写一份在庆祝××公司成立10周年暨成功上市庆典晚会上的祝词。

任务分析

拟写祝词,首先,应该熟练掌握祝词的写作格式、写作要求及常用语言等,做到格式规范、结构严谨、层次清晰。语言表达应注重感情。其次,还要注意紧紧围绕祝贺的主题,写清楚祝贺的理由,可以从联系现实、分析形势、回顾成绩、展望未来等方面来写,并且要写得简明扼要,始终洋溢热烈的祝贺之情。王丽要完成此篇祝词的拟写,首先要弄清楚××公司的发展历程和企业优势,以及该公司成功上市后可预见的发展前景,然后在写作中才能做到有的放矢、心中有数。

任务实施

祝词的结构是：标题、称谓、正文、结语和落款。

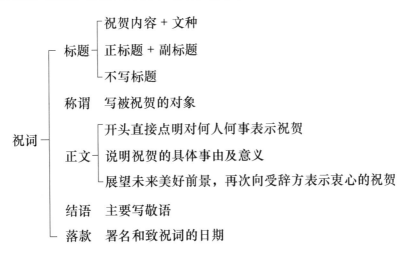

1. 标题

祝词的标题要写在正文的上方居中，如"新年祝词"。有的祝词用双标题，如正标题"殷切的希望"，副标题"在共青团第十一次全国代表大会上的祝词"。当然，有些祝词也可以不要标题。

2. 称谓

在标题之下顶格写称谓，如"某某同学""某某女士"等。具体怎样称呼被祝贺的对象更合适，要视对象的性别、职业、身份而定。

3. 正文

正文所列内容一定要条理分明，让人看了、听了一清二楚。内容都要以褒扬为主，以赞颂为主。最好不要提对方的缺点，如果非提不可，也要把握分寸。

正文一般由三项内容构成。

（1）祝词的开头直接点明对何人何事表示祝贺或者说明自己代表何人或何组织向受辞方及其何项事业祝福贺喜。

（2）说明祝贺的具体事由及意义。比如祝贺某人取得重大成绩，应着重赞美对方取得成就的价值；如果祝贺重要会议的成功举办，应说明该会议的重要性及其深远影响。

（3）展望未来美好前景，再次向受辞方表示衷心的祝贺。

4. 结语

这部分主要写敬语，如"祝××先生生意兴隆、财源滚滚""祝×××与××百年好合"等。

5. 落款

落款处应当署上致辞单位名称或致辞人姓名，最后还要署上成文日期。在署名时，如果是晚辈向长辈祝词，落款时要写上"学生×××"或"晚辈×××"，给平辈的祝词只写上自己的名字即可，并署上致祝词的日期。

 **知识平台**

1. 祝词的概念和作用

祝词也称作祝辞，它泛指在各种喜庆场合（比如举行宴会、典礼、会议等活动）对人、对事表示热烈的祝贺与良好的祝愿的讲话或文章。重在表述喜庆之事，具有强烈的感情色彩。祝词的主要作用是沟通双方感情、密切双方关系、增进友谊和团结，在发展人际、组织间的关系方面，具有重要的作用。

2. 祝词的种类

祝词的种类，根据祝愿的对象可分为以下五种。

（1）事业祝词。这类祝词兼有贺意。事业祝词的对象既可以是个人，也可以是单位或集体。这类祝词又可分为三种：一是一般性的祝词，常用于会议开幕、重大工程开工典礼、展览会剪彩等，表示希望此事顺利进行，祝愿早日取得成功。二是纪念性的祝词，常用于团体、机构成立，周年纪念等活动。三是往来性的祝词，常用于亲朋好友之间在事业有成时举行的祝贺活动。

（2）寿诞祝词。祝贺寿诞的主要对象是老年人。在祝贺中，既赞颂其已取得的辉煌成绩，又祝愿其幸福、健康、长寿。祝贺寿诞的对象也可以是新得子女的夫妻，贺其喜得子嗣，祝其婚姻生活更加甜美。寿诞祝词也可以用于向亲朋好友祝贺生日。

（3）节日祝词。如"新年献词""国庆讲话""春节祝词"。

（4）婚嫁祝词。婚嫁祝词既要贺新婚，又要祝新人和谐美满。

（5）酒宴祝词。用于各种酒会、宴会、招待会，起活跃气氛、增进感情的作用。好的祝酒词还能给人以启发和教益。

3. 祝词的特点

（1）喜庆性。祝词用于各种喜庆场合对人和对事表示热烈的祝贺。因此，在遣词造句上应当使用描述性词语和各种修辞手法，体现出一种喜悦、美好之情，避免平淡刻板。

（2）简练性。祝词作为一种礼仪性文书，又是口头发表的讲话，通常只需要3~5分钟的时间，不宜长篇大论，应注意简短精练。

（3）多样性。祝词可以根据祝贺的对象不同而有很多种类型，除了采用应用文的文体外，也可以采用诗、词、对联、散文等多种文体。

4. 祝词的写作注意事项

（1）语言要求充满热情、喜悦、鼓励、希望之意，以便使对方感到温暖和愉快，受到激励与鼓舞。

（2）祝词不应使用辩论、谴责、批评等词句和语气。

（3）颂扬与祝贺要恰如其分，过分的赞美之词会使对方感到不安。

 **例文赏析**

祝　　词

尊敬的各位来宾、女士们、先生们、朋友们：

值此 2017 中国国际果汁大会隆重开幕之际，我对大会的召开表示诚挚的祝贺，向来自世界各个国家和地区果汁界的朋友们，以及中国各省市的果汁生产及贸易企业表示热烈的欢迎！

中国是重要的果汁生产和出口国。在多年的发展中，中国果汁业已拥有成熟的质量管理体系和一流的生产加工设备，果汁产量和内外销数量逐年增长，产品质量逐年提高。特别是浓缩苹果汁，2016 年出口量已占世界贸易量的 50%。中国其他类果汁、果浆的生产销售数量和品种，近年来也都连续呈现增长态势。同时，中国国内市场果汁消费也快速增长，为国际果汁市场拓展了空间，为国外果汁业界提供了巨大商机。

中国政府将一如既往地重视果汁产业的发展，支持国际果汁界的交流与合作，支持中国果汁界为全球果汁产业和贸易的发展做出更大的贡献。此次"中国国际果汁大会"的召开，就是要为中外果汁业界提供加强交流与合作的机会，促进贸易平台的搭建，为世界果汁行业的发展提供更具生机和活力的舞台。

主办本次大会的中国食品土畜进出口商会，是中国农产品领域规模最大、最具代表性的行业组织，同众多的政府部门和国内外行业组织有着广泛的联系。我们高度重视和支持本次大会，并衷心祝愿本次大会能成为一次内容丰富、交流活跃、富有成效的大会，推动全球果汁产业的蓬勃发展。

祝各位与会朋友身体健康、事业发达、满载而归！

祝大会圆满成功！

×××

××××年×月×日

 **拓展训练**

1. 你的同学过生日，宴请好友，你也在被邀请之列，请你拟写一篇祝词。

2. ××公司为庆祝公司成立一周年，召开联欢会，邀请×××公司的总经理参加，请你为其拟写一篇祝词。

3. 案例分析：指出下面祝词的问题并改正。

在×××同学生日庆典上的祝词

各位朋友、各位来宾：

你们好！

今天，是×××同学的生日庆典，受邀参加这一盛会并受邀作为代表讲话，我深感荣幸，在此，请允许我代表×××班全体同学并以我个人的名义，向×××同学致以最衷心的祝愿。

时光飞逝，世纪交替，而今的她，无论在学业上还是精神上，仍风采依旧。换言之，她对学业的执着令同龄人为之感叹，在此，我们祝愿她生日快乐，身体健康。

 任务评价

祝词拟写评分表

评价项目	评价要点	分值	自评	师评
内容	祝词内容的各要素齐全	15		
	祝词的称谓符合礼仪的要求	5		
	祝词的正文概述对方取得的成绩，并简单分析原因，表示热情鼓励、殷切的希望等	20		
	语言充满热情，并能掌握分寸	15		
结构	格式规范、有条理	5		
	正文内容完整，包括引语、主体、结尾三部分	20		
	标题、称谓、结语、落款部分无遗漏，规范	10		
语言	语句通顺，无错别字，标点符号正确	10		
总　分		100		

任务六　开幕词、闭幕词

任务目标

　　知识目标：掌握开幕词、闭幕词的写作方法与结构。
　　技能目标：能熟练地拟写开幕词、闭幕词。

任务描述

　　公关致辞是社会组织的领导人或代表在各种公关仪式或典礼中发表的礼仪性讲话，它包括开幕词、闭幕词、欢迎词、欢送词等。主办方通过致辞表达对公关活动举办的热烈祝贺，对与会者提出希望与要求，对活动圆满成功表示祝贺及对宾客的到来表示热烈欢迎等。通过本任务的学习，公关人员应学会熟练地拟写开幕词和闭幕词，并能够举一反三，具备为各种仪式或典礼拟写开幕词和闭幕词的能力。

任务情景

　　中国杭州大学生旅游节活动是由杭州市旅游委员会联合共青团杭州市委、杭州市教育局等单位联合举办的，被列为中国西部国际博览会正式项目。该活动自 2010 年以来已经成功举办了 4 届。作为全国首创的大学生群体主题旅游节活动，该项活动受到了社会各界的广泛关注和在校大学生的热情参与，活动影响力和覆盖人群从杭州高校扩展至全国高校，甚至海外高校，对杭州城市形象和旅游品牌在海内外推广起到积极作用。

2014 中国杭州大学生旅游节圆满落幕

　　2014 年 12 月 24 日 浙江在线："匆匆那年我们见过太少世面，只爱看同一张脸，那么莫名其妙，那么讨人欢喜，闹起来又太讨厌……"电影《匆匆那年》伴着王菲的轻吟浅唱，勾起了太多人的大学往事。青春、激情、爱恋，这些肆意挥洒的日子让人格外留恋，其中留下的印记，就是年轻岁月的证明。当这些印记汇集在一起，就成了一座城市的青春画卷。

　　12 月 19 日，2014 中国杭州大学生旅游节在杭州举行了隆重的颁奖典礼暨闭幕式，来自政府、高校、企业及媒体的代表共 200 多人到场。摄影大赛、T 恤设计大赛、明信片大赛等的奖项一一颁出，耳目一新的作品让人感受到了大学生群体的创意和杭州这座城市的活力。

创意赛事竞争激烈

　　一场轻松明快的 T 恤走秀，年轻人的鲜活创意扑面而来：或将杭州地标抽象成对比强烈的色块，或用当下流行的手绘描摹杭州景点，或将杭州历史人物设计成萌萌的卡通人物……一件普通的 T 恤在大学生的手中被玩出了各式花样。

2014 中国杭州大学生旅游节设置了三大创意赛事，分别是 T 恤设计、明信片设计和摄影大赛。T 恤设计大赛一等奖是一组包括苏小小、于谦、岳飞、胡雪岩在内的杭州历史知名人物卡通造型。"杭州除了优美的自然风光，还有独特的人文故事，这些故事做成产品，就是独一无二的旅游纪念品。"创作者施秋君讲述起创作初衷。

熟悉中国杭州大学生旅游节的人都知道，创意赛事一直是历届活动的重头戏，今年也不例外。今年的三大赛事与前 4 届相比，无论是作品数量，还是作品质量都更上一个台阶。

经过 6 个月的作品征集，组委会共征集到摄影作品 12 383 幅、主题明信片作品 2 236 幅、T 恤设计作品 1 236 件，竞争非常激烈。全国近 300 家高校的在校大学生参与了本届比赛，涉及浙江、北京、上海、江苏、安徽、广东、福建、四川、山东、黑龙江、内蒙古等多个省市自治区，还包括港澳台地区。其中，来自台湾岭东科技大学的刘思佳同学，其作品《小河直街内的故事》获选入围，这是自杭州大学生旅游节举办以来首次有台湾院校的作品入选。

杭州市旅游委员会负责人表示，中国杭州大学生旅游节活动为杭州旅游产业的发展留下了宝贵的创意和智慧资源。举办这类节庆活动可以发动年轻人这一潜在消费人群广泛参与，将美丽杭州的形象广泛传播。同时充分利用高校专业学科知识，为杭州旅游产业的发展提供持续的智力支持。

2015 年的杭州大学生旅游节主题是"创意杭州 追梦青春"，活动将从 6 月持续到 12 月。本届大学生旅游节将引进时下最流行的"互联网+"思维，在互联网平台搭建一个能让全球大学生共同参与、共同设计的旅游创意平台，并借助移动端的微信和微博平台，以网络社群化的模式，向全国乃至全球推广杭州旅游城市形象和旅游品牌。本届新增的"众筹游杭州"活动，就充分体现了"'互联网+'杭州之美"因素。"众筹游杭州"活动利用互联网传播的特性，让个体对公众展示创意，争取大家的关注和支持，进而获得所需要的资金或援助。今年保留往年的经典项目，如杭州旅游主题明信片创作大赛、"杭州元素"创意 T 恤设计大赛等杭州元素创意设计类活动、"美丽杭州"——中国大学生摄影大赛、"西湖文化特使"等一系列推广、传播杭州形象和旅游品牌的活动。

2014 中国杭州大学生旅游节已落下帷幕，请你根据上面的新闻拟写 2014 中国杭州大学生旅游节闭幕词，杭州旅委负责人将致闭幕词。2015 中国杭州大学生旅游节的亮点是开幕式，作为策划组负责人之一的你不仅要策划好开幕式，还要帮助领导拟写一份漂亮的开幕词。

 任务分析

要写好开幕词，首先，要在日常工作中注意收集材料：① 主办方资料；② 历届活动资料；③ 本届活动资料；④ 其他参考资料。将资料进行整合，为拟写做好充分的准备。其次，分析并掌握开幕词的结构和写法，列出写作提纲，选择正确的写法，草拟文本。最后，进行修改润色，做到格式规范、语言准确，符合发言人的身份和场合。

闭幕词的拟写，关键在于对整个活动的总结和回顾。首先，要在活动中注意收集材料，将收集到的材料进行提炼，分析活动取得的成果与收获，指出举办活动的经验和意义，为拟写做好充分的准备；其次，分析并掌握闭幕词的结构和写法，列出写作提纲，选择正确的写法，草拟文本；最后，进行修改润色，做到格式规范、语言准确，符合发言人的身份和场合。

任务实施

开幕词、闭幕词的结构是：标题、称谓、正文、落款。

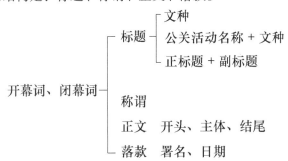

1. 标题

（1）只标示文种，即在第一行居中书写"开幕词"或"闭幕词"。

（2）公关活动名称+文种，如"2018 中国国际名酒博览会开幕词""首届黄帝文化国际论坛闭幕词"。

（3）正标题+副标题。正标题一般揭示致辞的主题思想，副标题一般写明致辞的场合，如"振奋精神　繁荣文艺——在中国文学艺术界联合会第五次代表大会的开幕词""幸福杭州 美丽中国——杭州×××大会的闭幕词"。

2. 称谓

在标题下一行顶格书写参加活动人员的称呼，后加冒号。如称呼对象太多时，可分类别称呼并分行书写。怎样写称呼，要根据对象的性别、职业及身份地位等情况而定。一般按照身份从高到低、性别先女后男的顺序排列。

3. 正文

（1）开幕词。

开头。开头一般直接交代公关活动的名称、届次、主办方，宣布活动开幕，对活动的成功举办表示祝贺，对与会者表示欢迎与感谢；也可以介绍活动的筹备经过和出席人的情况。开头部分即使只有一句话，也要单独列为一个自然段，与主体部分分开。

主体。主体是开幕词的核心部分，一般包括以下内容：公关活动举办的背景和意义，活动的中心议题，活动的议程安排；回顾以往活动取得的成绩、经验或教训，提出本次活动的主要任务，提出对与会者的具体要求。

结尾。一般用简短有力的号召性和鼓动性的语言向参加者提出希望和要求，表达祝愿和激励，并预祝活动圆满成功。

（2）闭幕词。

开头。开头一般概括本次公关活动的基本情况，说明活动圆满成功，即将闭幕。

主体。主体是闭幕词正文的核心部分，一般要回顾、总结和肯定本次公关活动取得的成绩，有哪些经验和意义，并提出对贯彻活动精神或对办好下一届活动的希望和要求。主体内容要有一定的高度，对活动中没有展开但已认识到的重要问题，可以做出必要的补充和强调。

结尾。一般向支持活动举办的单位和个人表示衷心的感谢，向参加活动的单位和个人表示美好的祝愿，并郑重宣布本次活动闭幕。

4. 落款

在正文的右下角写上主办单位名称和日期。主办单位名称在上，日期在下。

开幕词写作模板

××××开幕词

尊敬的×××：

　　××××（单位名称）举办的××××（活动名称）今天隆重开幕了。在此我谨代表××××向××××（活动名称）的开幕表示热烈的祝贺，向莅临大会的各位×××××（与会者）表示热烈的欢迎！

　　……

　　最后，我预祝本次××××（活动名称）圆满成功！

　　谢谢大家！

×××

××××年×月×日

闭幕词写作模板

××××闭幕词

尊敬的×××：

　　××××圆满完成了预定的任务，现在即将完美闭幕。

一、××××××　回顾、总结、肯定成绩

二、××××××　指出经验和意义

三、××××××　提出对贯彻活动精神或对办好下一届活动的希望和要求

感谢 ××××对此次××××活动的支持，祝愿各位×××××。现在我宣布 ××××闭幕！

×××

××××年×月×日

 **知识平台**

1. 开幕词和闭幕词的概念

开幕词是党政机关、社会团体、企事业单位召开重要会议或举办重大活动正式开始时，由会议主持人或活动主办方主要领导人向大会或活动所做的重要讲话。

闭幕词是党政机关、社会团体、企事业单位在召开的重要会议或重大活动快要结束时，由活动主办方的主要领导人或德高望重者宣布活动结束的讲话。

2. 开幕词和闭幕词的特点

开幕词有三个特点：

（1）宣告性。在开幕词中正式宣告会议或活动开幕，营造一种隆重气氛。

（2）提示性。在开幕词中明确交代会议或活动的议题，简要说明会议或活动的议程、原则，交代会议或活动的精神，起到点题的作用，使与会者心中有数。

（3）指导性。在开幕词中阐明会议或活动宗旨，提出本次会议或活动的主要任务，说明会议或活动的目的、指导思想和重要意义。

闭幕词有四个特点：

（1）总结性。闭幕词是在会议或活动的闭幕式上使用的文种，要对会议或活动内容、精神和进程进行简要的总结并做出恰当评价，肯定会议或活动的重要成果，强调会议或活动的主要意义和产生的深远影响。

（2）概括性。闭幕词应对会议或活动进展情况、完成的议题、取得的成果、提出的精神及意义等进行高度的概括。因此，闭幕词的篇幅一般都短小精练，语言简洁明快。

（3）号召性。为激励参加会议或活动的全体成员实现活动提出的各项任务，增强与会人员贯彻会议或活动精神的决心和信心，闭幕词的行文应充满热情，语言坚定有力，富有号召性和鼓舞性。

（4）口语化。闭幕词要适合口头表达，写作时语言要求通俗易懂、生动活泼。

 例文赏析

例文一

中国国际××展览会开幕词

尊敬的各位领导、各来来宾，女士们、先生们：

由新加坡××有限公司主办，中国××协会与我分会所属的××市国际贸易信息和展览公司承办的"中国国际××展览会"今天在这里隆重开幕了。我谨代表中国国际贸易促进委员会上海市分会、中国国际商会上海分会表示热烈祝贺！向前来上海参展的中外厂商表示热烈的欢迎！

本届展览会将集中展示具有国际水准的各类××产品及生产设备，为来自全国各地的科技人员提供一次不出国的技术考察机会；同时，也为海内外同行共同切磋技艺创造了条件。

朋友们，同志们，上海是中国最重要的工业基地之一，也是经济、金融、贸易、科技和信息中心。上海作为长江流域乃至全国对外开放的重要窗口，将实行全方位的开放。我国政府已将浦东的开发开放列为中国今后10年发展的重点，上海南浦大桥的正式通车，标志着浦东新区的开发已经进入实质性的启动阶段。上海将进一步改善投资环境，扩大与各国各地区的合作领域。我真诚地欢迎各位展商到上海的开发区和浦东新区参观，寻求贸易和投资机会，寻找合

作伙伴。作为上海市的对外商会——中国国际贸易促进委员会上海市分会将为各位朋友提供卓有成效的服务。

最后，预祝"中国国际××展览会"圆满成功！

××分会

××××年×月×日

例文二

在二十国集团领导人杭州峰会上的闭幕辞

（2016 年 9 月 5 日，杭州）

中华人民共和国主席 习近平

各位同事：

我们用了一天半的时间，围绕会议主题和重点议题进行了热烈而富有成果的讨论，就加强政策协调，创新增长方式，全球经济金融治理，国际贸易和投资，包容和联动式发展等议题，以及影响世界经济的其他突出问题，深入交换看法，达成许多重要共识。

第一，我们决心为世界经济指明方向，规划路径。我们认为，当前世界经济增长仍然乏力，增长动力不足，国际和地区热点问题以及全球性挑战对世界经济的影响不容忽视。维护世界和平稳定，为促进全球经济增长创造良好环境至关重要。我们要继续加强宏观政策沟通和协调，发扬同舟共济、合作共赢的伙伴精神，凝聚共识，形成合力，促进世界经济强劲、可持续、平衡、包容增长。我们通过了《二十国集团领导人杭州峰会公报》，进一步明确了二十国集团合作的发展方向、目标、举措，就推动世界经济增长达成了杭州共识，为构建创新、活力、联动、包容的世界经济描绘了愿景。

我们认为，面对当前世界经济的风险和挑战，需要标本兼治，综合施策，运用好财政、货币、结构性改革等多种有效政策工具，既要做好短期风险防范和应对，也要挖掘中长期增长潜力；既要保持总需求力度，也要改善供给质量。这将向国际社会传递二十国集团成员共促全球经济增长的积极信号，有助于提振市场信心，维护全球金融市场稳定。

第二，我们决心创新增长方式，为世界经济注入新动力。我们一致通过了《二十国集团创新增长蓝图》，决心从根本上寻找世界经济持续健康增长之道，紧紧抓住创新、新工业革命、数字经济等新要素新业态带来的新机遇，并制定一系列具体行动计划。我们支持以科技创新为核心，带动发展理念、体制机制、商业模式等全方位、多层次、宽领域创新，推动创新成果交流共享。我们决定大力推进结构性改革，制定了优先领域、指导原则、指标体系。《二十国集团创新增长蓝图》的达成，将使我们在理念上有共识、行动上有计划、机制上有保障，有助于为全球经济增长开辟新路径，全面提升世界经济中长期增长潜力。

第三，我们决心完善全球经济金融治理，提高世界经济抗风险能力。我们同意继续推动国际金融机构份额和治理结构改革，扩大特别提款权的使用，强化全球金融安全网，提升国际货币体系稳定性和韧性。我们决心加强落实各项金融改革举措，密切监测和应对金融体系潜在风险和脆弱性，深化普惠金融、绿色金融、气候资金领域合作，共同维护国际金融市场稳定。我们决定深化国际税收合作，通过税收促进全球投资和经济增长。我们就能源可及性、可再生能源、能效共同制定了行动计划，以提升全球能源治理有效性。我们就继续深化反腐败合作达成多项共识，决心让腐败分子在二十国乃至全球更大范围无处藏身、无所遁形。我们期待通过上述成果和举措，全面提升全球经济金融治理结构的平衡性、机制的可靠性、行动的有效性，为世界经济增长保驾护航。

第四，我们决心重振国际贸易和投资这两大引擎的作用，构建开放型世界经济。我们同意充分发挥贸易部长会和贸易投资工作组的作用。我们共同制定《二十国集团全球贸易增长战略》，促进包容协调的全球价值链发展，继续支持多边贸易体制，重申反对保护主义承诺，以释放全球经贸合作潜力，扭转全球贸易增长下滑趋势。我们制定了《二十国集团全球投资指导原则》，这是全球首个多边投资规则框架，填补了国际投资领域空白。期待在我们共同努力下，在强劲的国际贸易和投资推动下，世界经济将重新焕发活力，经济全球化进程将继续蓬勃发展。

第五，我们决心推动包容和联动式发展，让二十国集团合作成果惠及全球。我们第一次把发展问题置于全球宏观政策框架的突出位置，第一次就落实联合国2030年可持续发展议程制定行动计划，具有开创性意义。我们同意在落实气候变化《巴黎协定》方面发挥表率作用，推动《巴黎协定》尽早生效。我们发起《二十国集团支持非洲和最不发达国家工业化倡议》，制定创业行动计划，发起《全球基础设施互联互通联盟倡议》，决定在粮食安全、包容性商业等领域深化合作。这些行动计划和务实成果，将着力减少全球发展不平等、不平衡问题，为发展中国家人民带来实实在在的好处，为实现2030年可持续发展目标作出重要努力，为全人类共同发展贡献力量。

我们认识到发挥好二十国集团国际经济合作主要论坛作用的重要性，认为二十国集团有必要进一步从危机应对机制向长效治理机制转型，从侧重短期政策向短中长期政策并重转型。我们认为，二十国集团的发展关乎所有成员切身利益，也牵动世界经济发展的未来，只有顺应变革，与时俱进，才能永葆生机。我们决心合力支持二十国集团继续聚焦世界经济面临的最突出、最重要、最紧迫的挑战，加强政策协调，完善机制建设，扎实落实成果，引领世界经济实现强劲、可持续、平衡、包容增长。

各位同事！

在我正式宣布会议结束之前，我想向大家表示诚挚谢意。感谢你们对我本人和中国政府的信任，感谢你们在会议期间给予中方的支持、理解、合作，感谢你们为推动世界经济增长和二十国集团发展付出的辛勤努力和作出的重要贡献。

在我们共同努力下，二十国集团领导人杭州峰会取得了丰硕成果，画上了圆满句号。我深信，这次会议将成为一个崭新起点，让二十国集团从杭州再出发。

相聚美好而又短暂，很快到了我们要说再见的时候。会议结束后，我将参加记者招待会，根据我们在会上达成的共识，向媒体简要介绍会议成果和讨论情况。有些同事还要在中国逗留几天，有些同事很快将离开中国。我希望这次中国之行和西湖风光能给大家留下美好的回忆，也愿借此机会祝大家旅途愉快，一路平安！

最后，我宣布，二十国集团领导人杭州峰会闭幕！

谢谢大家。

拓展训练

1. 请写出开幕词和闭幕词正文写法的不同之处。
2. 请指出下面开幕词中的错误，并进行修改。

××公司艺术节开幕词

怀着喜悦的心情，我们走进五月，让我们一同走进这金色的季节，阳光在这里孕育，希望在这里成长。今天，我们公司工会和我们公司行政部一起联合举办第 3 届××公司艺术节。

这次活动得到了区工会、区政府的支持和帮助，得到了×××品牌的赞助，在此我代表公司全体员工向他们表示诚挚的感谢。

同志们，我们的公司艺术节已经连续举办三次了。我想在有关领导和单位的帮助下我们会越办越好，越办越精彩。

我们之所以举办艺术节，是希望通过这个平台让我公司的文艺专业人士及文艺爱好者有展示的舞台，丰富公司员工的业余生活，陶冶情操。通过这样的活动，让员工放松心情，减少工作压力，彼此之间增进感情，使我们公司成为一个爱生活、爱艺术的，有文化氛围的公司。

祝文化艺术节圆满成功！

_____

_____

_____

_____

_____

3. 请根据下列材料拟写一篇新年晚会开幕词。

回首 2014 年，这是不平凡的一年，有喜悦也有悲伤。在过去的一年里，××职业学校成功被评为"浙江省绿色学校"，并获得××市黄炎培职业教育优秀学校奖；教师获得市级以上荣誉 13 项，竞赛奖项 74 项；学生荣获市级以上竞赛奖项 159 项，其中全国一等奖 20 项；教育科研结硕果，市第 10 届职教论文评比获奖率达 90%，其中一等奖 5 篇；创新创业实践见成效，师生创新创业项目在全国创新创业大赛中双夺冠。

4. 根据下列材料，拟写一篇闭幕词。

××童装"塑色雨林"2015 春夏新品发布会圆满落幕

2014 年 9 月 14 日，××童装"塑色雨林"2015 春夏新品发布会于浙江杭州圆满落幕，为期三天的新品发布会向来自全国各地的 500 余名优秀加盟商呈现了一场色彩斑斓的视觉盛宴。

重塑品牌价值　助推品牌发展

××童装作为对消费者负责的民族品牌，从成立之初就主打"环保、绿色、健康"，希望为中国儿童拥有健康快乐的童年生活提供精神引导和实现方式。

在本次新品发布会上，××童装有限公司总经理苟女士围绕"重塑品牌价值"进行了发言，回顾总结了 2014 年童装市场整体情况，并针对 2015 年进行了公司整体运营规划，指出"变革和重塑企业核心竞争力"是决定企业能否生存和发展的关键，鼓励和引导加盟商紧跟公司发展战略步伐。

品牌营销部销售总监余总围绕模拟订货展开培训，运用新媒体平台共享信息，结合店铺货柜、销售人员能力、消费群体等因素，从当季产品结构的实际情况入手进行分析，帮助加盟商分析自身店铺的"内在"问题，找出吸引消费者、留住消费者、产生销售的实际解决方法。

管理提升　系统先行

本次培训以"××童装系统应用——管理提升系统先行"为主题，由市场一线销售精英全程讲解，现场通过对新信息管理系统的深入剖析、演练，带领加盟商全方位了解和熟悉新系统的各项操作与应用，让加盟商充分认识系统管理对终端店铺的高效运营和销售的迅速提升发挥的巨大作用。此外，针对加盟商日常系统操作过程中遇到的问题进行解答，为规范店铺管理和提升销售业绩添加助力。

"塑色雨林"　同赏视觉盛宴

2015 春夏新品发布会 T 台秀以"塑色雨林"为主题，用舞台、灯光打造丰富的视觉效果，以丛林为主要元素，整个舞台呈现出一个清新多彩的绿色丛林世界。××童装 2015 春夏新品在延续经典的基础上进行了创意设计、面料革新和技术升级，结合流行趋势和消费者需求，全新演绎都市、休闲浪漫风格。

活动现场，萌娃们一个个身穿靓丽服装陆续走上 T 台，亮相、走猫步、摆 pose，用儿童独特的走秀方式诠释着品牌绿色健康的理念，颇有几分超模风范。伴随着音乐的律动，小模特们在舞台上自信地展示着自己，如同绿色森林里的小精灵般俏皮可爱。

其中女童夏装的"花与爱丽丝"系列主打亮粉、薄荷绿、粉橘、果绿、米色、蛋黄、水蓝、淡青、嫩粉等颜色，更添之以立体花朵、圆点、小女孩等图案，完美勾勒出徜徉于花海中的天真烂漫女孩形象，充满了浪漫主义情怀。而男童夏装的"夏日狂欢"系列，则以棕榈树、鹦鹉、热带水果和沙滩为主要元素，热情奔放，休闲时尚。此外，女童夏装的"爱之狂想曲""夏 HAPPY GO"" SHOW TIME"系列以及男童夏装的"城市印象"系列，在颜色搭配和图案设计及面料选材方面都紧贴夏日休闲浪漫主题，引领 2015 年童装潮流。

爱与分享　共享欢乐时刻

浓情感恩之夜，来自全国各地的加盟商朋友与××童装人汇聚一堂，共享欢乐时刻。一支动感十足的集体舞拉开本次感恩晚宴的序幕。宴会中，××童装公司为大家精心准备了丰富多彩的文艺节目和互动环节，其中，"找物件""一锤定音"等互动游戏更是将现场气氛推向了高潮。

2015 年，××童装将继续致力于打造中国健康童装品牌，为中国孩子生产健康、舒适、时尚的绿色童装，全力拥护变革，不断创新，助推品牌价值重塑。不忘初心，方得始终，××童装将坚守品牌使命，将绿色理念进行到底！

 任务评价

开幕词、闭幕词拟写评分表

评价项目	评价要点	分值	自评	师评
内容	标题拟写正确	10		
	称谓规范	10		
	正文内容完整,语言简要、明确	40		
	结语热情、简洁	10		
结构	结构完整,各要素齐全	20		
语言	语言规范准确,无错别字,标点符号正确	10		
总　分		100		

项目四 形象塑造

任务一 公关广告

任务目标

知识目标： 掌握公关广告的写作方法与结构。

技能目标： 能熟练地拟写公关广告。

任务描述

公关广告是一种设法增进公众对组织的全面了解，提高组织的知名度和美誉度，从而赢得公众信任和合作的广告。运用公关广告，可以起到塑造组织形象、强化品牌形象、宣传组织宗旨、引导公众观念等作用。通过本任务的学习，公关人员应学会公关广告的拟写，掌握为组织撰写公关广告的技能，帮助提升知名度和美誉度。

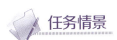

任务情景

××汽车是中国国内汽车行业十强中唯一一家民营轿车生产经营企业，成立于1986年。经过20年的建设与发展，取得了辉煌业绩。特别是1997年进入轿车领域以来，凭借灵活的经营机制和持续的自主创新，取得了快速的发展，资产总值达到105亿元，连续四年进入全国企业500强，被评为"中国汽车工业50年发展速度最快、成长最好"的企业。

10年100万辆，对于中高级轿车市场的单一车型来说，是一个奇迹；对于××汽车来说，则是水到渠成的必然结果；而对于100万的××汽车车主来说，××汽车可以卖到100万辆却一点也不出奇。站在10年的时间跨度来看，该品牌已成为中高级轿车领导者的代名词，早已深深扎根于国内消费者的心中。

针对××汽车销量过百万这一喜讯，请你策划拟写一则公关广告。

任务分析

任何一项公关广告的运作，无不是针对组织的某个特殊活动或某项重大举措。首先，要选定一个明确的目标；其次，确定主题后，要寻找合适的媒体，以有限的资金取得最大的社会和经济效益；最后，公关人员应当审时度势，抓住时机，发布公关广告，吸引公众注意。

任务实施

公关广告的结构是：封面、目录、正文。

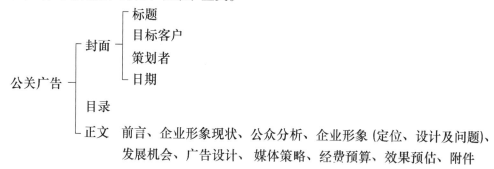

1. 公关广告标题的写作方法

公关广告策划的难点在于标题的创作，写标题应遵循一定的原则：标题好比商品价码标签，用它来向你的潜在消费者打招呼；每个标题都应带出产品给潜在消费者自身利益的承诺；始终注意在标题中加入新的信息，因为消费者总是在寻找新产品或者老产品的新用法，或者老产品的新改进；标题里加进一些充满感情的文字可以起到加强的作用；标题应引起读者的好奇心。

标题创作的方式多种多样，但基本要求是：① 醒目；② 动人；③ 联想；④ 简洁；⑤ 健康；⑥ 忌双关、典故、晦涩。

公关广告标题的类型：

（1）新闻型。这类标题将新闻事件与广告相结合，以达到引人注目的目的。如"最新消息，×××品牌被评为中国驰名商标""热烈祝贺×××公司全年销量突破1 000亿元，并于近日成功上市""中国房地产企业排行榜出炉，×××房产跻身前五强"。

（2）提醒型。针对消费者的心理，提出某种合理的建议，促使公众去思考，公众在接受了这种建议的同时，无形中也认同了组织所传递的观念，增强了对组织的认同感。如"为了您和您家人的安全，×××（产品名称）建议您不要酒后驾车""珍惜生命，远离毒品——×××酒业"。

（3）设问型。这类标题通过提问吸引公众注意，又通过回答来向公众宣传、灌输某种思想、意图。如"孩子缺钙怎么办？请喝×××""中原之行哪里去？郑州×××"。

（4）告诫型。这类标题运用科学、坦诚、严肃、认真的态度，利用反面例子来说服公众，引起关注。如"抽烟人群患肺癌概率比普通人群高3~5倍！"

（5）宣言型。这类标题是向公众直截了当地宣布某项重要的事实。如"×××空调获中国品牌奥斯卡年度奖（2006年度）""×××庆祝公司成立15周年，向老客户赠送×××手机"。

（6）赞扬型。这类标题是表现广告主向公众展示自己产品的优越之处和对自身产品的信任尊重态度，引起社会公众关注、青睐。如"×××洗发水，黑头发，中国货""没有最好，只有更好——×××"。

2. 公关广告正文的写作方法

公关广告所要表达的一切思想都融汇在正文中，正文起到介绍、推荐产品，树立光彩动人的形象，引发公众喜爱并产生购买意愿的作用。

（1）公告式。用简洁的语句将广告的项目、事由、条件、注意事项等说明。常用于企业招聘广告、学校招生、企业更改名称和地址启事、开业庆典、业务活动海报和道歉声明等。这种形式的广告，要求以事实为依据，文字简明，具有新闻性。

（2）描写式。逼真的描写，使其有声有色、有形有情，在消费者脑海中留下难忘而深刻的印象。

（3）幽默式。采用幽默的笔法、俏皮的语言，把本来单调枯燥的内容写得别开生面。富有情趣，在轻松逗乐的气氛中宣传产品及服务，让消费者在愉快的笑声中快乐地接受其内容。

（4）诗歌散文式。用诗歌、散文的形式宣传广告产品，想象丰富、情感浓厚、语言优雅、意境优美，效果亲切感人。

（5）代言式。由著名人物代言，凭借亲身体验发出议论、感叹和评价，从而实现广告的目的。

知识平台

1. 公关广告与商品广告的区别

人们日常生活中见得最多的是商品广告，是一种宣传某种具体商品或服务，以促进销售的广告。尽管公关广告和商品广告都是广告，但它们实际上是有区别的。

（1）宣传目的不同

商品广告直接宣传产品名称或性能，其目的就是诱发消费者的购买动机，促进产品或服务的销售。如"×××牌电蚊香，默默无闻的奉献""×××洗衣机，献给母亲的爱"。

公关广告则不直接宣传产品，而是传播产品之外的各种与组织形象相关的信息。如"中国杭州——平静似湖，柔滑似丝（杭州旅游公关广告）""不要让别人说你没有来的时候，这里的一切都是美好的。那么，对你来说是一种耻辱（坦桑尼亚国家公园广告）"。对于这两者的区别，可以形象地描述为：商品广告是要公众买我，公关广告是要公众爱我。

（2）宣传模式不同

同样是通过传递信息去影响公众，两者仍有不同之处：商品广告是让公众先认识产品，然后再认识企业组织；而公关广告则是让公众先认识组织再认识产品。这两者的模式如下所示：

公共广告：公众—组织—产品；

商品广告：公众—产品—组织。

如"生命的电池"——日本×××电器公司的电池广告，是一个商品广告；"不要把问题留给下一代！现在做，来得及"——台湾×××电器的公益广告，是一则公关广告。

（3）感情表达不同

商品广告注重引导人们的购买行为，商业色彩较浓；公关广告则重视与公众进行情感交流，引发公众好感，所以商业色彩较少，而且融入了更多的对人性、对社会的关怀。如某公司的广告是连续念三遍公司名称，就纯粹是一种广而告之的商业行为。2015 年春节期间，中央电视台的公关广告通过 10 个不同年龄、不同职业、不同地域的人，讲述自己名字和名字背后的故事，与全中国 14 亿人民一起分享、感受中华优秀文化的传承与感动，体现了公关广告的情感交流作用。

（4）宣传主体不同

商品广告的主体是工商企业，而公关广告的主体则可以是政府部门、非营利组织等各种类型的组织。如美国政府的征兵广告："美国需要你"。国外某交通安全广告："阁下驾驶汽车，时速不超过 30 公里，可以欣赏本市的美丽景色；超过 60 公里，请到法院做客；超过 80 公里，请光顾本市设备最新的医院；超过 100 公里，祝您安息吧！"

2. 公关广告的分类

（1）公益广告。以倡导和维护公共生活秩序和公共道德准则为主要内容的广告形式。社会组织一般通过公益广告，表现强烈的社会责任心和责任感，体现为公众服务、为社会尽责的工作宗旨，以引起社会公众的关注，而达到树立组织良好形象的目的。其内容丰富，一般包括以下三方面：

① 宣传文明礼貌，维护社会公德。诸如"讲文明，讲礼貌是中华民族的美德""爱祖国、爱人民、爱劳动、爱科学、爱社会主义""吸烟有害健康"。

② 宣传计划生育，控制人口质量。如"实行计划生育是每个公民应尽的义务"。

③ 宣传交通法规，防止交通事故。这类广告主要是交通管理部门设置的，如"高兴兴上班去，平平安安回家来""为了您和家人的幸福，请自觉遵守交通法规""宁让三分，不抢一秒"等。

（2）信誉广告。信誉广告是社会组织对公众对其优质产品、优质服务的良好信誉，以及在国内外评优获奖情况进行宣传的广告。此类权威机构的认定、消费者的认可和客观评价，对公众来说有着较高的可信度；也可以是社会组织直接向消费者征求意见的方式，表现其服务至上、信誉第一的宗旨。

（3）谢意广告。节日、纪念日之际，或社会组织举办某种活动圆满结束时，向消费者或社会各界公众表示衷心的感谢的广告。社会组织的表达谢意之举，能增进其与公众的情感交流，维系了与公众的关系，烘托了友谊的氛围。如日本×××航空公司十五周年庆典之际，做了一个公关广告，标题是"每一次相遇，我们都心存感激；未来，就从此刻延续"，正文是"由于您的关爱，使我们拥有今日成果，对于您的知遇，我们由衷感激。而今十五年的相处，我们更加了解您的需求，当您走入×××航空公司的新天地，您将感受到由内而外的焕然一新。更典雅的风貌、更体贴的关怀，让您拥有最舒适的航程。新的×××航空公司天地，更加精致温馨，诚恳期待您。"

（4）祝贺广告。节日、纪念日之际，社会组织向公众贺喜，或在兄弟单位开业庆典时表示祝贺的广告，可以增加一份亲切之情；或向公众表示携手合作、献上爱心的心意。

（5）致歉广告。社会组织就自身工作不足之处或自身过错向公众致歉的广告，可以表示诚意，或以致歉的方式表达已获得的进展，以退为进，出奇制胜。

（6）解释广告。在社会组织形象被歪曲，造成公众误解时，及时向公众解释事实真相，阐明态度，宣传其政策、方针，澄清混淆视听的传言，以矫正被损害的形象，维护声誉的广告。

 **例文赏析**

例文一

广告语：晚报不晚报

我是一个北京人

我不是记者，

我只是喜欢亲近身边可爱的人；

我不是摄影家，

我只是喜欢捕捉生活中每一点感动；

我不是作家，

我只是喜欢用文字记录灵感的冲动；

那么，我是谁？

我是一个北京人，

一个热爱自己生活的这座城市的北京人。

我希望以自己的方式为北京写一本日记，

可以在每个晚上，

将自己一天的感动讲给朋友们听，

和他们一同分享。

"我见过那黎明宁静的城市

和忙碌的人们；

我见过他们欢乐的微笑

还有悲伤的泪滴；

我拍过雨后彩虹下的女孩儿，

也曾与走街串巷的青年人称兄道弟；

我看到过邻居们滑过那条街，

也拜访过写字楼中的踽踽人影；

……

我记下了可爱的城市

和可爱的人们。"

每一天，我都会为收获的感动而骄傲，

为倾听我故事的人们而信心百倍。

我，是一个北京人，

一个收集感动的北京人，

一个热爱自己生活的这座城市的北京人。

例文二

×府家酒的广告"×府家酒，叫人想家"是一则成功的电视广告，在 1994 年"花都杯"首届电视广告大奖赛中，一举夺得三项大奖：金塔大奖、公众大奖和最佳广告语奖。

在中国人的思想中，"家"是一个无可替代的概念。×府家酒的这则广告就抓住了中国人"爱家、恋家"的这一情感，广告中始终贯穿着一个"家"字，深深地打动了消费者的心。在广告中，借助热播的电视剧《北京人在纽约》的主题歌旋律，通过刘欢深情的语调（实际上并非刘欢所唱，只是十分像）唱出"千万里，千万里，我一定要回到我的家"的情感，接着王姬转过头说出"×府家酒，叫人想家"的广告语，充分调动了人们的思乡情感。

 拓展训练

1. 请你和其他同学互相交流各大品牌汽车公关广告的标语属于哪种类型。

2. 案例分析：

2016 年，"××堂"策划案在首届中国企业著名策划案评选活动中荣获"中国十大策划案"奖。

××堂三蛇胆胶囊是祛痘保健品。它在 1997 年保健品泛滥、销售低潮的情况下脱颖而出，成为华东市场保健品的新星，其年销售额近亿元。

这是一个小预算、大手笔的经典策划案例。其成功之处在于：完整地运用了整合营销策略，通过市场调查，以准确的市场定位推出了广告"战痘的青春"系列，结合巧妙的"资料曝光""投保 1 000 万元"公关活动，迅速崛起。其完善的销售管理工程的引入亦为其长久发展奠定了基础。××堂三蛇胆胶囊的广告、公关、促销创意及表现影响深远，仿效者众多。"每粒胶囊必含一粒蛇胆""1 000 万投保产品质量险"广告语及"慰问交警、升国旗"等系列整合营销的运用，更是在传媒界产生轰动，为保健品市场营销的发展拓展了空间。

（1）"××堂三蛇胆胶囊"这则公关广告为什么能取得成功？

（2）案例中分别提到了哪几种公关广告？

（3）你还有更好的广告策划方案吗？

 **任务评价**

公关广告拟写评分表

评价项目	评价要点	分值	自评	师评
内容	宣传重点突出	20		
	具有宣传价值	10		
结构	封面简洁、明晰	10		
	目录设置合理	20		
	要素齐全	20		
语言	语句通顺，无错别字，标点符号正确；语言生动，诚恳可信	20		
总　　分		100		

任务二　产品说明书

 **任务目标**

知识目标： 掌握产品说明书的写作方法与结构。
技能目标： 能熟练地拟写产品说明书。

 **任务描述**

随着社会日新月异的发展，在公共关系活动中，经常要向公众推介新产品。产品说明书既可以同产品或服务一起走入千家万户，也可以机动灵活地分发赠送，让读者清楚地了解该产品的特色，产生购买欲望。因此，产品说明书对于企业推广产品或服务，扩大品牌知名度具有重要作用。通过本任务的学习，公关人员应学会拟写产品说明书。

 **任务情景**

××公司成立于 2010 年 4 月，是一家专注于智能产品自主研发的移动互联网公司。××公司首创了用互联网模式开发手机操作系统、发烧友参与开发改进的模式。2015 年，××公司即将推出最新版双核智能手机，新手机拥有 64 位性能高通骁龙 410 四核 1.2 GHz 处理器，双卡双待，双 4G，网速可达 150 Mbps，133 克轻巧重量，4.7 英寸绝佳握感。请你为新产品拟写一份产品说明书，在新产品发布会时发布。

 **任务分析**

首先，产品说明书是一种以说明为主要表达方式，概括介绍商品用途、性能、特征、使用和保管方法等知识的文章。由于各种产品的功能、用法不同，写作方法自然也大有区别，但不管使用哪一种方法，其目的都是为了使读者明白如何使用产品。因此，商品说明书的语言必须力求通俗、准确；结构必须有条理。

任务实施

产品说明书结构是：标题、目录、前言、正文和结尾。

产品说明书 — 标题 — 商品名称

标题 — 商标、型号、货名、生产厂家等+文种

品牌+文种

目录

前言

正文 引言概况、技术指标、结构特征、使用方法及注意事项、配套产品、保养方法、责任保证

结尾

1. 标题

标题写在第一行正中，由产品的商标、型号、货名、生产厂家等加上文种组成，如"箭飞 TU6 助动自行车使用说明""三角标 SN 型保温式自动电饭锅说明书"。有的省略文种或某个部分，如"×××牌鱼 i3 肝油精丸"。

标题一般印在封面上。封面除一般的"说明书"字样和厂名外，有的还印有商标、规格型号、产品标准名称和图样。如需加深消费者的印象，引人注目，还可配有产品彩照、图样等。标题应简单明白、引人注目。

2. 目录

内容较复杂的产品说明书，一般都配有目录，以方便用户查阅说明书的内容。

3. 前言

前言的形式有的采用书信式，而更多的是采用概述式的短文。

4. 正文

正文是说明书的主体部分，一般是对产品的性能、规格、使用和注意事项等进行具体的说明。

（1）引言概述。主要介绍生产厂家的历史、现有规模、技术水平、产品质量、办厂宗旨、经营状况等方面的情况，也可以概述产品的名称、特点、设计原理、适用范围等情况。

（2）技术指标。详细说明产品的性能、特点、规格、成分、型号等，一般要明确列出数据。

（3）结构特征。借助示意图对产品做解释说明，具体说明各部分的特征。

（4）使用方法及注意事项。按照操作的程序逐一列出使用方法，以便使用户正确地使用产品。还应说明在使用过程中应注意的问题，如有效期、温度、贮藏方法等。

（5）配套产品。凡与该产品配套使用的其他产品，均应将名称、规格、数量等逐一列出。

（6）保养方法。具体说明保养与维修的方法，对一般常见的故障、成因及处理方法应做特别说明。

（7）责任保证。说明产品的维修、退换等售后服务的具体事项。

5. 结尾

写明生产单位的邮政编码、地址、电话等联系方式及日期。

知识平台

1. 产品说明书的概念

产品说明书是关于各种产品的操作使用技术的说明，或是对文化读物，电影戏剧等精神商品进行介绍的文字材料。它是向消费者介绍产品的名称、商标、结构、性能、用途等特征和使用、保养、维修方法等知识及必要操作技能的文字材料。

2. 产品说明书的特点

（1）实用性。产品说明书的目的在于使产品为人所用。比如高压锅、健身器材、洗衣机等的说明书，目的是使用户能正确使用产品，不致因使用不当而损害产品，甚至发生意外。产品说明书除对产品性能、特点、功用做必要说明外，尤其要对其使用方法做清楚、准确的介绍，甚至图解加以说明。否则，消费者购买后不会使用，或使用不当，就会降低产品的实用价值。

（2）科学性。任何一种受消费者欢迎的产品，都是科学研究与生产实践的结晶。说明书要对产品做恰如其分的介绍，将有关的特征、事理、知识或要领讲解清楚，符合产品的实际情况。要实事求是，力求精确无误地表达出来。

（3）条理性。要根据事物本身的规律和人们对产品的认识规律，去寻求最好的表达顺序。不同的产品有着不同的属性、特征和作用，写作时要根据产品的特性，依循一定的程序，有所选择地、有条有理地依次分列清楚，让消费者逐一了解和掌握产品使用和保管的有关事项，从而在使用上准确有序。

（4）简明性。说明书大多是作为某一事物的附件出现的，这就要求说明书内容表述要简明、准确，突出重点，使人一目了然。

3. 产品说明书与产品广告的区别

一是写作目的不同。说明书重在说明产品信息，而产品广告重在推销产品。

二是内容不同。说明书着重说明该产品的特点、用法用量、适用范围、注意事项等，而产品广告只突出该产品的优点，有时还会写销售方式、时间、地点等。

三是表现手法不同。产品说明书以说明为主，产品广告则采用多种表达方式，语言优美华丽，注重审美效果。

 **例文赏析**

有害气体监控仪使用说明书

用途和性能：

本产品系中华人民共和国专利产品（专利号862061008），是根据日本高压气体协会关于消费者使用报警产品为依据，由山东省邹县侨声电子仪器厂、宁夏大学技术研究所和宁夏电子产品监督检验所共同研制而成的QS991-I有害气体监控仪，符合国家标准，并达到国内外同类产品的先进水平。

本产品能对油烟、一氧化碳、天然气、石油液化气、酒精、汽车和香烟烟雾进行长期不断的监视控制，主要适用于监测煤气管道漏气、煤炭燃烧不完全和燃气热水淋浴器漏气形成一氧化碳气体。只要浓度达到危及人身安全时，报警器就能发出声光报警信号。该仪器还能自动开启换气设备，更加安全可靠。

主要技术指标：

1. 额定电压：220 V（±10%）、50 Hz/60 Hz；

2. 环境温度：0℃–40℃；

3. 空气相对温湿度：40℃，80%；

4. 大气压力：86.6~106.6 kPa；

5. 监控仪输出口负载能力：AC 220 V，2 A

6. 报警声压在前方距1 m处其声压级不小于90 dB（分贝）

7. 延时功能：1~3 min（分钟）

8. 灵敏度与动作规范：接通电源灯发光，以丁烷气为例，浓度超过0.3%，红灯发光；浓度达到0.75%，自动报警。耗电不大于3 W。

安装使用方法：

1. 在安装前检查性能，将电源插头插入220 V电源插座，绿色指示灯亮，发出"嘀"声，表示自检，5~10 min后仪器开始工作。

2. 如需自动排气，可将电风扇或其他排风设备电源插头插在仪器外壳上即可。

3. 本仪器用于办公室、会议室，与换气设备配套使用，当室内香烟烟雾达到一定浓度时，自动启动换气设备向外排烟。鉴于这一用途，仪器应放在墙壁的适当高度。

4. 本机作为液化气泄漏报警装置，应安装在靠地面的墙壁上，并保证通气良好，以确保本机性能的全面发挥。

拓展训练

1. 请根据下面的材料，写一份条理清晰的药品说明书。

××胃泰颗粒是由三叉苦、九里香、两面针、木香、黄芩、茯苓、地黄、白芍和蔗糖粉等成分组成的。适应症为胃炎、慢性胃炎、浅表性胃炎。清热燥湿，行气活血，柔肝止痛，消炎止痛，理气健脾。本品用于上腹隐痛、饱胀、反酸、恶心、呕吐、纳减、心口嘈杂。用开水冲服，一次1袋，一日2次。每袋装2.5克，共20克。不良反应尚不明确。禁忌尚不明确。

服用时需注意：忌食辛辣刺激性食物；忌情绪激动或生闷气；浅表性、糜烂性、萎缩性等慢性胃炎应在医师指导下服用；儿童、年老体弱者、孕妇及糖尿病病人应在医师指导下服用；慢性胃炎患者服药两周症状无改善，应立即停药并去医院就诊；对本品过敏者禁用，过敏体质者慎用；本品性状发生改变时禁止使用；儿童必须在成人监护下使用；请将本品放在儿童不能接触的地方；如正在使用其他药品，使用本品前请咨询医师或药师；如与其他药物同时使用可能会发生药物相斥作用，详情请咨询医师或药师。

批准文号：国药准字Z44020705。生产企业为××医药股份有限公司。

2. 产品说明书的标题有哪几种形式？

3. 产品说明书与产品广告有什么异同?

 任务评价

产品说明书拟写评分表

评 价 项 目	评 价 要 点	分值	自评	师评
内容	标题准确	10		
	符合产品实际	10		
	主体内容完整、有条理、科学性强	20		
	结尾完整	10		
结构	要素齐全	20		
	目录清晰	20		
语言	语句通顺,无错别字,标点符号正确	10		
总　　分		100		

任务三　企业文化宣讲稿

任务目标

知识目标： 掌握企业文化宣讲稿的写作方法与结构。

技能目标： 能熟练地拟写企业文化宣讲稿。

任务描述

社会组织每时每刻都注重自己的整体形象。美国苹果公司的系列产品之所以能如此走红，不仅与其产品质量有关，更因为其融入了独特的企业文化理念，正是对这种文化理念的认同，使得广大"果粉"对苹果公司的系列产品趋之若鹜。所以，企业需要在诸如新产品推介会、招聘会等各种场合进行宣传企业文化，不断提升社会对企业自身文化理念的认可度。通过本任务的学习，公关人员要学会把握企业文化核心，将企业文化通过企业文化宣讲稿传递给广大公众。

任务情景

××集团成立于 1999 年，是一家由中国人创建的国际化的互联网公司，经营多元化的互联网业务，致力于为全球创造便捷的交易渠道。自成立以来，集团建立了领先的消费者电子商务、网上支付、B2B 网上交易市场及云计算业务，近几年更积极开拓无线应用、手机操作系统和互联网电视等领域。服务来自超过 240 个国家和地区的互联网用户。集团及其关联公司在中国、印度、日本、韩国、英国及美国的 70 多个城市共有 20 400 多名员工。集团以促进一个开放、协同、繁荣的电子商务生态系统为目标，旨在对消费者、商家及社会经济发展做出贡献。

集团使命：让天下没有难做的生意。

集团愿景：分享数据的第一平台；幸福指数最高的企业；"活 102 年"。

××集团拥有大量市场资料及统计数据，为履行集团对中小企的承诺，集团正努力成为第一家为全部用户免费提供市场数据的企业，希望他们通过分析数据，掌握市场先机，继而调整策略，扩展业务。集团同时希望成为员工幸福指数最高的企业，并成为一家"活 102 年"的企业，横跨 3 个世纪。

集团价值观：××集团有六个核心价值观，是企业文化的基石和公司 DNA 的重要部分。

客户第一：客户是衣食父母；

团队合作：共享共担，平凡人做平凡事；

拥抱变化：迎接变化，勇于创新；

诚信：诚实正直，言行坦荡；

激情：乐观向上，永不言弃；

敬业：专业执着，精益求精。

集团社会责任：

我们坚信：只有内生于企业商业模式的企业社会责任实践，才能实现可持续发展。

我们确信：社会责任对企业不是负担，在每一家企业的商业模式中，都可以找到自身与社会责任的结合点。

我们相信：人人都有社会责任，在网络化的便捷环境下，人人也都有能力履行社会责任。

2015 年，××集团即将开展新一轮的校园招聘会，请你拟写一份××集团企业文化宣讲稿。

 **任务分析**

要写好企业文化宣讲稿，首先，要认同企业的文化，才能与之产生强烈的情感共鸣；其次，企业文化宣讲并不只是说出企业的口号，说出企业的理念那么简单，更应把整个企业的核心文化通过企业文化宣讲展现出来；最后，企业文化宣讲稿应具有一定的感染力，才能达到宣传组织的最终目的。

 **任务实施**

企业文化宣讲稿的结构是：开头、正文和结尾。

1. 开头

开头也叫开场白，有三个作用：第一，使听众明确主要讲什么问题，有何意义；第二，迅速与听众建立互动关系，引起听众关注；第三，找到切入正题的方法。

企业文化宣讲稿的开头非常重要，因为宣讲能否成功，关键在于开始的一两分钟否能营造某种气氛以抓住听众；企业文化宣讲稿的开头是最难写的，因为万事开头难，如果企业文化宣讲稿的开头写得不好，就会使听众失去听的兴趣。企业文化宣讲稿的开头通常有如下写法。

（1）开门见山式入题法。企业文化宣讲稿的开头可以开门见山，起到提纲挈领的作用。

（2）套近乎式入题法。如"相信在座的很多人都是我们公司产品的用户，日常生活之中我公司××产品陪伴着大家一路走来，一直走到了今天。"

（3）提问（悬念）式入题法。如"有这样一家企业，努力发展 102 年，其是做分享数据的第一平台，这家企业要让天下没有难做的生意。大家知道这家企业的名字吗？"通过对听众的提问，引发听众的注意，也将企业的核心文化向听众做了介绍。

（4）幽默式入题法。使用幽默的语言或肢体动作拉近与听众之间的距离，增加听众对企业的亲切感。

（5）引用式入题法。结合企业文化，引用切合主旨的名言、警句、诗词歌谣等。

2. 正文

正文应该从多方面、多层次去阐述或证明宣讲主题。同一般文章一样，企业文化宣讲稿正文部分的安排也要从突出主题、详略安排、段落划分等方面考虑。首先，主题必须突出，一篇企业文化宣讲稿只讲一个主题，正文部分必须围绕这个主题来铺陈展开，这样，听众才能得到一个明了而深刻的印象。其次，要考虑到宣讲时口头表达的需要，结构上不要过于死板，要有一定的灵活性，要有张有弛、有起有伏，让听众感到生动、新鲜，不能单纯地平铺直叙，如流水账一样。

3. 结尾

俗语说"编筐编篓，贵在收口"。企业文化宣讲稿的结尾担负双重任务：一是再次点题，为全篇增色升华；二是尽量使宣讲内容在听众中形成持久的印象。结尾精彩与否关系到整个宣讲的成败。

企业文化宣讲稿的结尾部分，可以写口号，可以提出建议，可以给听众一个恳切的希望，可以引用一段恰当的诗文，可以简洁地总结前边的宣讲要点，可以用成语及古今格言来加重宣讲的分量。一般来说，企业文化宣讲稿的结尾要注意以下两点。

（1）简洁明快，恰到好处，不能虎头蛇尾。

（2）及时终止，不能拖泥带水、画蛇添足。

知识平台

1. 企业文化的概念

企业文化，或称组织文化，是一个组织由其价值观、信念、仪式、符号、处事方式等组成的特有的文化形象。

企业文化是在一定的条件下，企业生产经营和管理活动中创造的具有该企业特色的精神财富和物质形态。它包括文化观念、价值观念、企业精神、道德规范、行为准则、历史传统、企业制度、文化环境、企业产品等。其中价值观是企业文化的核心。

企业文化是企业的灵魂，是推动企业发展的不竭动力。它包含着非常丰富的内容，其核心是企业的精神和价值观。这里的价值观不是泛指企业管理中的各种文化现象，而是企业或企业中的员工在从事商品生产与经营中所持有的价值观念。

企业文化由三个层次构成：

（1）表面层次的物质文化，称为企业的"硬文化"，包括厂容、厂貌、机械设备及产品造型、外观、质量等。

（2）中间层次的制度文化，包括领导体制、人际关系及各项规章制度和纪律等。

（3）核心层次的精神文化，称为"企业软文化"，包括各种行为规范、价值观念、企业的群体意识、职工素质和优良传统等，这些是企业文化的核心，被称为企业精神。

2. 写好企业文化宣讲稿的注意事项

要写好一篇企业文化宣讲稿除了充分了解企业的文化内核之外，还要做好相应的准备，才能让企业文化宣讲达到预期的效果。

（1）分析宣讲时的听众和场合。宣讲的成败，首先取决于宣讲者的心理素质和准备是否充分。宣讲者必须克服羞怯、拘谨、冷淡、自卑，做到勇敢、轻松、亲切、自信。任何宣讲都必须怀有满腔热情和必胜的信心。要做到这一点，首先要端正态度，正确认识宣讲的目的和意义，充分做好各方面的准备。

其中，最重要的准备就是了解和熟悉听众。在宣讲前对听讲的人数、年龄、性别、职业、教育程度、有关话题的知识等都要进行调查，做到心中有数，然后针对所了解的情况采取相应对策。要根据听众的兴趣和要求来选择材料、安排内容、确定表达方式和表达技巧。在宣讲过程中，宣讲者必须目视听众，察言观色，注意听众的情绪反应，不断根据听众和环境的变化情况来调整宣讲内容、言语节奏和音调，善于利用表情和姿势来吸引听众注意力。

（2）恰当选择诉诸听众的本能欲求。宣讲是以情感诉求为主，还是以理性诉求为主，还是情感诉求与理性诉求兼而用之，这些问题都要仔细斟酌。

（3）收集材料。材料组织要严谨，条理要清楚。宣讲稿的各部分、各层次讲什么都要预先设计好。

（4）编制提纲（组织材料）。

（5）提炼词语。宣讲稿文字要口语化，语音有节奏。口语与书面语有很大差别，为适应口语稍纵即逝的语音特点，宣讲稿要写得入耳动听。

☆ **例文赏析**

今天作为××集团的宣讲员，我想邀请大家和我一起走进我们集团的企业文化世界！不同的人对企业文化都会有不同的见解，有的人将企业文化归结为企业特色的经营准则、经营作风，甚至是发展目标等，然而，在我们的观念里，一家企业的社会价值观才是企业文化的核心！我们说："中国公益梦有多远，我们陪中国走多远！"

为了更好地合理分配××集团的公益资源，尽我们所能帮助更多的人，××集团将公益事业划分为：为孩子插上梦想的翅膀、为青年竖起公益标杆、为中国公益事业而奋斗这三大板块。今天呢，我也将通过这三个板块，和大家一起分享我们的公益心得！

我们的前任董事长柳先生曾于1968年到湖南、广东多所农场劳动锻炼，在那些被他称为"痛苦不堪的日子"里他认识了一批当地的贫困孩子，他们衣衫褴褛地站在冷风中上课的样子、他们求知若渴的眼睛，深深地印在柳先生的心上！我们希望能够以实际行动帮助这些孩子，所以设立××集团进取班，通过为家庭贫困、品学兼优的学生提供全部的学习和生活费用，帮助他们改变人生命运，让孩子们树立正确的人生观与价值观。柳先生也为××集团进取班的孩子们题写了寄语——知识改变命运 进取成就未来。截至2012年，××集团已累积在该项目上投入1 000多万元，有1 156名孩子从中受助。

如果说，孩子是祖国的未来，那么青年，就是祖国的今天！我们希望将公益带进青年人的生命，让公益随着一代又一代人的富强而永远延续下去！我们组织了青年公益训练营，带着优秀青年真正地走进贫困地区，感受爱的力量，举办了诸如义卖等各式各样的活动，鼓励青年人发掘身边微小的社会需求，把爱心付诸行动，创造不平凡的力量。我们还在全国范围内举行了××集团青年公益创业计划，以"微公益，做不凡"为主题，带领青年人借助微博平台参与公益事业，积少成多，汇聚大爱。通过评选"全国十大青年公益组织"，让这些执着于公益的富有极高社会责任感的青年们有一个发展的舞台，也让更多人了解公益事业。

××集团创始人柳先生曾说过：社会责任不是一个有始有终的计划，而是一个不变的承诺。我们也切实为中国公益事业献出了我们的全部力量！从公司高层的捐款，到员工的爱心接力，到一方有难、八方支援时的全力以赴，我们很骄傲地完成了爱心轨迹！

有人说，我们很小，但世界很大；我们说，××（指该企业）很小，但爱心很大！今天，我作为××集团的宣讲员站在这里，不为别的，只希望在座的各位能够从今天起，与我们一起，为弱势群体助力，为中国加油！

 拓展训练

1. 请根据"任务情境"中的背景内容，写一篇企业文化宣讲稿。
2. 班级内举办一次企业文化宣讲大赛，评选出最佳企业文化宣讲稿。

 **任务评价**

企业文化宣讲稿拟写评分表

评价项目	评价要点	分值	自评	师评
内容	开头新颖、吸引听众	10		
	抓住企业文化内核	10		
	主体能以不同层次反映企业文化	20		
	内容完整、清晰，可读性强	20		
结构	要素齐全	20		
	结尾起到画龙点睛的作用	10		
语言	语句通顺，无错别字，标点符号正确	10		
总 分		100		

项目五 危机管理

任务一 慰 问 信

 **任务目标**

知识目标：掌握慰问信的写作方法与结构。

技能目标：能熟练地拟写慰问信。

 **任务描述**

社会组织最为基础的公共关系包括外部关系和内部关系两大类，当与之相关的公众处于特殊的情况（如战争、自然灾害、事故）下，或在节假日，向公众表示问候、关心时，就可以使用慰问信表示关怀，从而拉近组织与公众之间的距离，达到良好的沟通效果。通过本任务的学习，公关人员要学会拟写慰问信表达组织对相关公众的关怀之情。

 **任务情景**

××电器总公司产品面市已经有 10 年了，该公司目前已成为国内电视机产业产销均名列前茅的企业，年产值近 10 亿元，步入全国 500 强民营企业行列。2015 年新春佳节将至，公司希望借此"十周年"大庆之际，展开一系列感恩回馈公关活动。××电器公司能取得今天的成绩，和广大员工的努力是分不开的，为此公司决定除了给每位辛勤工作的员工送上丰厚的红包外，更要为他们送上一封情真意切的慰问信。请你拟写这封慰问信。

任务分析

慰问信是向他人表达安慰、关切、问候之意的书信。写慰问信应根据不同的对象、不同的情况，表达真挚的、自然的、真切的慰问之情。因此，在写给员工的这封慰问信中，一定要表达公司对于广大员工的深切慰问。

 **任务实施**

慰问信的结构是：标题、称谓、正文和落款。

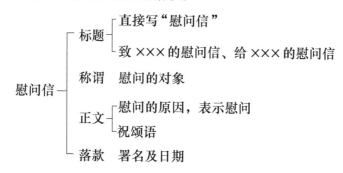

1. 标题

第一行正中间写"慰问信"3个字；如果写成"×××致×××慰问信"，那么"慰问信"3个字可移至第二行写在中间。

2. 称谓

换一行顶格写受慰问的单位或者个人的称谓。单位要写全称；个人要在姓名之后加上称呼，如"同志""先生""师傅"之类，后边用冒号。在个人姓名前边，往往还要加上"敬爱的""尊敬的""亲爱的"等字样，以表示尊重。

3. 正文

正文应该首先说明写慰问信的原因：或是因为对方取得了成绩，或是因为对方遭到了暂时的困难和挫折。其次，叙述对方的模范事迹或遇到的困难时表现出来的高尚品质，并向对方表示慰问。再次，写一些鼓励和祝愿的话。最后，在正文后面或是另起一行空两格，写"祝""此致"，然后在下一行顶格写"节日愉快""取得更大的成绩""敬礼"等。

4. 落款

如果写慰问信的单位、个人不止一个，均要一一写上。日期写在署名的下边，年、月、日写全。

 知识平台

1. 慰问信的概念

慰问信是组织、部分群众及某个人向有关集体、个人表示慰劳、问候、致意的书信。

书写慰问信一般有三种情况：一是向做出贡献的集体或个人表示慰问，鼓励他们戒骄戒躁、继续前进；二是向由于某种原因而遭到重大损失和困难的群众、团体表示同情和安慰，鼓励他们战胜暂时的困难，加倍努力，迅速改变面貌；三是节日期间向有关人员进行慰问。

2. 慰问信写作注意事项

（1）对评价和表扬要坚持实事求是的态度。一定要真心实意、感情真挚、实事求是，不能夸大其词。

（2）在材料处理上要坚持"务实"与"务虚"相结合。所谓"务实"，就是叙述事实要具体、翔实、典型（即兼顾材料的全面性、典型性及细致性）；所谓"务虚"，就是要把具体事实的内涵、意义和价值阐述透彻，从中发掘人物的精神所在并适当升华。总之，立足于具体事实而不拘泥于具体事实，发掘人物事迹的精神内涵，适当升华，大加赞扬，以起到鼓励和教育的作用。

（3）在表达方法上，要做到叙事、议论和抒情相结合。要将典型事迹说明，将其作用与影响说透，使先进事迹具有感染力，使被慰问、表扬的集体和个人受到鼓舞。

（4）根据所慰问的不同对象，确定慰问信的内容。对在建设中有贡献的集体和个人，应侧重于赞颂他们的成绩；对遭到暂时困难的集体和个人，则应侧重于向他们表示关怀和支持。

（5）字里行间要洋溢着深厚感情，要充分体现组织的关心和温暖，使受慰问者在精神上得到安慰和鼓励，增强克服困难的勇气和继续前进的信心。慰问信的抒情性较强，语言应亲切、生动。

 例文赏析

慰　问　信

各位老师：

值此新年来临之际，我代表全校教职工向曾经奋斗在教育战线上的您及家属表示亲切的慰问和节日的祝福！

几经风雨，几度春秋，蓦然回首，我校已经走过了 24 年的历程。在那些忙忙碌碌的日夜里，您与学校风雨兼程、荣辱与共，用辛勤的汗水和诚实的劳动换来了我校一个又一个的辉煌。那交替的日月、滴答的钟声，是我们全校人辛劳的见证！多少次，您用火热的情怀融化了学生们心头上的冰块；多少回，您用真挚的目光唤起了学生们挑战困难的勇气；多少个本应酣睡的夜晚，您却在灯光的陪伴下默默耕耘。光阴荏苒，岁月有情，是您用铁骨脊梁撑起我校这一片灿烂的天地！您淡泊明志、脚踏实地、教书育人、言传身教、甘为人梯的精神和优秀品格，影响和造就了一批又一批的优秀人才，这是我校奋斗不息精神的体现。正因如此，才有了桃李满天下的芬芳！

××××年，在县委、县政府的正确领导下，在社会各界的关心和支持下，经过全校教职工的共同努力，我校教育事业日新月异，继续保持着稳定发展的良好态势。

我校教学条件不断改善。现有 3 栋教学楼、3 栋学生寝室楼、1 栋实验楼。其中，教学区拥有 32 个教室、6 个设备配套的学生实验室、1 个图书阅览室、1 个教师电子备课室、1 个学生微机室、1 个多功能教室、1 个音乐室、1 个书法绘画室。

我校教职工队伍不断壮大。我校现有教职员工 99 人，其中任课教师 79 人；本科学历 36

人，其余为大专学历，相当一部分教师正在进修本科学历；高级教师 5 人，一级教师 23 人；获得省级表彰 8 人次，州级表彰 12 人次，县级表彰 50 多人次，教育教学质量再创辉煌。我校初三毕业生××获××××年全县中考第一名。近年来，县属各单位参加的职工歌咏比赛，我校教师合唱团均获第一名；县属各单位参加的男女篮球比赛，我校男队获得第一名，女队获得第二名。这说明我校拥有一支高素质的教师队伍。

当然，这些成绩的取得，离不开我校离退休老领导、老教师、老同志一如既往的关心和支持。在新的一年里，希望您继续关心、帮助和指导我们的工作，我们将以党的××届×中全会为指针，围绕县委、县政府提出的"旅游大县、科教名县、经济强县"的奋斗目标，按照巩固、深化、发展、提高的工作方针，以更加昂扬的姿态、更加饱满的工作热情努力工作，将××县民族中学办成人民满意、家长放心、学生倾情的好学校。

最后，祝您及全家新年愉快，合家欢乐，万事如意，身体安康！

××县中学

××××年×月×日

 **拓展训练**

1. 园林工人们的工作是平凡的，又是伟大的。他们为绿化、美化和净化我们的城市付出了辛勤的劳动和汗水。烈日炎炎，常常看见他们为树木剪枝、松土和施肥；寒冬腊月，又常见他们为小树苗包扎。人们尊敬地称园林工人是"城市绿色的保护神"。

在今年植树节到来的日子，请你以一个普通居民的身份，写一封慰问信给园林工人。

2. ××矿业集团××地区的分公司，在一次地震中遭受较大损失，一些矿山设备被破坏，两名员工受重伤。请你代集团总公司给该分公司的领导和员工拟写一封慰问信。

 **任务评价**

慰问信拟写评分表

评价项目	评价要点	分值	自评	师评
内容	慰问的缘由清晰	20		
	感情真挚	10		
	主体内容完整、清晰，语言亲切生动	20		
结构	称谓正确	20		
	标题简要	10		
	落款正确	10		
语言	语句通顺，无错别字，标点符号正确	10		
总　分		100		

任务二 危机管理方案

任务目标

知识目标： 掌握危机管理方案的写作方法与结构。

技能目标： 能熟练地拟写危机管理方案。

任务描述

危机管理是企业、政府部门或其他组织为应对各种危机情境所进行的规划决策、动态调整、化解处理及员工培训等活动过程，其目的在于消除或降低危机所带来的威胁和损失。通过本任务的学习，公关人员要了解制订危机管理方案的重要性，掌握危机管理方案的内容，在组织遇到危机时，能够制订有效地组织危机管理方案。

任务情景

广州两名消费者到某连锁快餐店用餐，点了两杯红茶后发现其中有极浓的消毒水味道。现场副经理解释其原因可能是由于店员前一天对店里烧开水的壶进行消毒清洗后，未把残余的消毒水排清所致。两名消费者与店员就赔偿等问题理论和争执长达两个多小时之后，店长和督导才到达现场。但是在工商局工作人员赶到现场调停近一个小时后，最终仍以谈判失败收场，消费者愤然报警。

一周后，该连锁快餐集团公司发表简短《声明》，描述事件过程并一再强调怀疑两名消费者是媒体记者，同时声明公司一向严格遵守政府有关部门对食品安全的所有规定和要求，并保证提供的每一项产品都是高质量的、安全的、有益健康的。整个声明没有提及自己的任何过失和该如何加强管理或向消费者表示歉意，更没有具体的解决事情的办法。经媒体多方报道，历经半月，该连锁快餐集团和消费者达成和解，但双方对和解内容保密。

此前在5月份，其北京某分店已发生过把消毒水当饮料提供给消费者的事情。虽然当时受害者得到了答复，但消费者说："没想到他们的态度特别不好，真是让我特失望，连最起码的医药费他们都不愿意出。店长还跟我现在是特殊时期，他们的压力特别大，希望我能体谅他们。"问题得不到解决，消费者自然会寻求媒体投诉。

如果你是广州这家连锁快餐店的公关人员，你会如何处理这次投诉引发的危机呢？请制订一份危机管理方案。

任务分析

企业在发生危机时，公关人员除了搞清楚发生危机的根本原因外，更需要在偶然性中发现必然性，在危机中发现有利因素，把握危机发生的规律性，掌握处理危机的方法与艺术，尽力减小危机所造成的危害和损失，并且能够缓解矛盾，变害为利，从而推动企业的健康发展。

任务实施

危机管理方案的结构是：序曲部分、正文和附录。

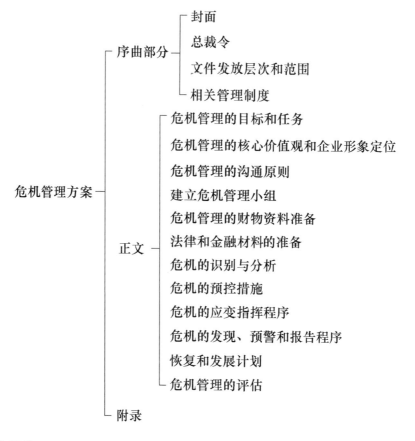

1. 序曲部分

（1）封面。包括计划名称、生效日期及文件版本号。

（2）总裁令。由公司最高管理者致言，并签署发布，确保该文件的权威性。

（3）文件发放层次和范围。明确规定文件发放层次和范围，确保需要阅读或使用本计划的人员能够正确知悉本计划的内容。同时文件接收人应签署姓名和日期，以表明对本计划的认可。

（4）相关管理制度。包括保密制度、维护和更新计划的方案、计划审计和批准程序，以及启动本方案的时机和条件。

2. 正文

（1）危机管理的目标和任务。主要是对建立危机管理体系的意义、在企业中的地位和要达成的目标进行描述。

（2）危机管理的核心价值观和企业形象定位。这是企业进行危机管理的纲领。

（3）危机管理的沟通原则。危机管理的核心是有效的危机沟通，是保持对信息流通的控制权。危机管理的沟通原则包括内部和外部沟通原则，为危机管理的沟通定下基调。

危机管理的沟通原则具体包括以下内容：对员工的沟通原则、对受害者的沟通原则、对公众的沟通原则、对媒体的沟通原则、对政府的沟通原则、对股东和债权人的沟通原则、对供应商和经销商的沟通原则、对竞争对手的沟通原则等。

（4）建立危机管理小组。确定首席危机官或危机管理经理；确定危机管理小组的组成人员，并对各成员的权利和职责进行描述和界定；确定培训和演习方案；如果在危机发生后，危机管理小组成员因故不能履行职责时，确定人员替补方案及计划变通方案；确定外部专家团队成员。

（5）危机管理的财物资料准备。危机管理方案的预算，包括危机管理小组的日常运转费用，危机管理设备的购买、维护和储备的费用，以及危机管理方案实施的费用。财物资源的管理，即由谁管理，通过何种途径获得，如何使用等；财物资源的应急措施，即当企业所储备的资源用完后，应如何获取相应资源；财物资源的维护制度，如定期检查、修理或更新制度；财物资源的使用制度，即由谁使用、如何使用等。

（6）法律和金融材料的准备。即紧急状态下在法律和金融方面的求助程序。

（7）危机的识别与分析。识别危机，即对企业的薄弱环节及内外部危机诱因进行列举；分析危机，即对危机发生的概率、严重性进行分析和评估。

（8）危机的预控措施。包括预控的政策、检查和督促。

（9）危机的应变指挥程序。界定不同的危机应变的方式和危机管理人员的应变职责。包括以下几方面内容：启动危机管理程序；确定危机应对方案，即如何减少损失和消除负面影响；危机管理小组成员工作的原则和程序；信息汇报制度；决策制度；人、财、物的调度制度；内部和外部沟通制度和程序；求助程序，即向哪些机构或组织寻求帮助。

（10）危机的发现、预警和报告程序。包括以下几方面内容：建立危机预警体系的程序；由谁建立、改进和维护危机预警体系；如何界定危机信息；危机信息汇报的原则和程序；危机预警后的反应措施。

（11）恢复和发展计划。包括以下几方面内容：恢复和发展的原则；危机带来哪些长期影响，如何消除影响，如何恢复正常的组织运营程序和经营活动；危机管理小组成员在危机后的工作安排；回答员工关心的问题，统一员工思想；解除外部公众和媒体的疑问；稳定债权人、股东、供应商和经销商队伍，争取他们的支持；积极与政府部门配合；赢得竞争对手的尊重。

（12）危机管理的评估。即危机结束后，对危机管理的评估程序，包括文件存档、评估损失、检讨危机管理行为。

3. 附录

附录包括四个内容：流程图、应用性表单、内部联络表和外部联络表。

 **知识平台**

1. 公共关系危机的概念

在现代汉语中，危机一词有两种含义。一是指潜伏的祸根，如危机四伏。二是指严重困难或生死成败的紧要关头，如经济危机。危机是一个不稳定的时期，是一个新局面的开始，是一个转折点。这个极富哲学思辨的词语，指出了"有危险才有机会"的道理。面临危机，必须马上做出决定，尽管决定的结果可能会好，也可能会坏。

公共关系危机是公共关系学中的术语。专指灾难或危机中的公共关系。换句话说，公共关系危机是公共关系在危机中的开发和应用，是处理危机过程中的公共关系。当危机或灾难发生时，我们要从不同的方面予以调查、处理和解决。公共关系只是解决这个危机问题的一个视角，是危机管理或问题管理的一个重要组成部分。

在危机或灾难出现时，公共关系方面有三大任务，即预防、准备和供应。所谓预防，就是防患于未然，做到居安思危。"任何事情都可能发生"是危机处理的法则。所谓准备，是指成立一个"危机管理小组"，拟订面临危机时的沟通计划。所谓供应，是指向媒体提供和发布与危机事件有关的公共关系信息。

2. 公共关系危机处理的基本原则

（1）及时性原则。处理公共关系危机的目的在于尽最大的努力控制事态的恶化和蔓延，把因危机事件造成的损失降至最低，在最短的时间内重塑或挽回企业的形象和声誉。为此，危机一旦发生，不仅公共关系危机管理小组的成员，而且企业的所有成员都应立即投入紧张的处理工作中。赢得时间就等于赢得了形象。有专家说："高效率和日夜工作是做到快速反应不可缺少的条件。"

（2）冷静性原则。公共关系危机发生后，处理人员应冷静、沉稳，不要让自己因头绪繁多、关系复杂的事件而变得急躁、烦闷等。只有在遇到危机时冷静、沉稳，并有积极的心态，才能在处理危机事件的过程中应付自如、左右得道。

（3）全面性原则。公共关系危机事件涉及或影响企业内部和外部的诸多方面。在处理具体的公共关系危机时，应遵循全面考虑的原则，既要考虑内部公众，又要考虑外部公众；既要注意对公众现在的影响，又要注意对公众未来的或潜在的影响，等等。

（4）准确性原则。危机事件发生后，特别是在事件初期，由于种种原因，传播的信息容易失真。为了防止公众的猜测、误解和有关危机事件的谣言散布，公共关系危机管理小组选出的发言人不仅要及时传递有关信息，而且还要使传递的信息十分准确，不隐瞒或省略关键细节。

（5）公正性原则。处理与受到危机事件影响或危害的公众之间的关系要公正。在处理危机事件的过程中，要排除主观、情感的因素，公平而正确地、坦诚地对待受损害的公众。

（6）客观性原则。遵循公正性原则的同时，还要客观。如事件的真实性、评估的客观性、传递信息的准确性等。

（7）灵活性原则。由于公共关系危机事件随着情况的发展而会不断地发生变化，可能原定的预防措施或抢救方案考虑不太周全。因此，为使企业的形象和声誉不再继续受到损害，处理工作必须视具体情况灵活运作，要随客观环境的变化而有针对性地提出有效的措施和方法。

（8）公众性原则。灵活性不是随意性，它要以公众原则为前提，既要考虑企业自身的利益，也不能忽视公众的利益。为此，应强调公众性原则，把公众的利益放在首位。

（9）针对性原则。由于公共关系危机具有不同的类型和特征，即使类型和性质相同或相似，所面临的环境也会有不同。因此，提出的解决措施、处理程序应具有较强的针对性和适应性，使提出的措施、方法符合危机事件的类型、性质和特征，以及不同的环境要求。

（10）人道主义原则。在多数情况下，危机会造成生命、财产的损失。因此，危机处理中首先要考虑人道主义的原则。

（11）维护声誉原则。国外危机管理专家指出，公共关系在危机管理中的作用是保护组织的声誉，这是危机管理的出发点和归宿。在危机管理的全过程中，公共关系从业人员要努力减少对企业信誉带来的损失，积极争取公众谅解和信任。

3. 公共关系危机处理的基本程序

（1）成立危机事故处理组织。成立危机事故处理组织是第一件大事，这是有效处理危机事件的组织保证。这一组织机构有的被称为危机管理小组，有的被称为危机事故处理委员会。该机构的组成人员应包括企业负责人、公关部门负责人和经过培训的危机处理人、指定的新闻发言人和值班人员。

（2）深入现场，了解事实。企业或社会组织的最高层领导亲临危机事件现场，指挥抢救工作，并委托专业人员调查事故，确实弄清危机事件发生的时间、地点、原因、人员伤亡、财产损失等情况，并根据情况做出系列决定。

（3）控制损失。危机发生后，要尽快采取一切措施来降低损失。对于损失的衡量，既要看有形的，又要看无形的。可以说，失去市场、丢掉发展的机会是最大的损失。

（4）分析情况，确定对策。当掌握危机事故第一手资料，清楚了解公众和舆论的反应后，企业或社会组织应该在高层人员的直接参与下，深入研究和确定应采取的对策、措施。这是危机处理的关键。确定的对策既要考虑危机本身的处理情况，又要考虑如何处理危机涉及的各方面的关系，更要考虑如何抓住蕴含的机遇，以便恢复声誉，重返市场。

（5）召开新闻发布会，发布正式信息。在了解事实，确定初步对策的情况下，务必尽可能以最快的速度召开新闻发布会或记者招待会。一方面，向新闻界介绍危机的有关情况，公布公司正在采取的措施；另一方面，与新闻媒体密切合作，防止不利消息和舆论产生。为此，要指定新闻发言人代表公司"以我为主"公布信息，使信息传递口径统一。根据以往经验，新闻发布要召开多次。

（6）组织力量，有效行动。这是危机处理的中心环节之一。公众、媒体和舆论不仅要看企业在新闻发布会的宣言，更要看企业的行动，事实胜于雄辩。危机往往涉及面很广，仅靠公关从业人员的力量是远远不够的，因而需要企业领导人亲临第一线，亲自组织和协调。

（7）认真处理善后工作。对客户和消费者来说，善后工作包括赔偿、安慰、关怀等。对于危机事件当事者来说，包括诸如收集、整理、分析媒体对危机事件的报道等。当然，也包括危机处理的效果调查。

（8）总结调查，吸取教训。危机管理小组应对危机处理情况做全面调查、评估，并将检查结果向董事会和股东报告，向公众和媒体公布。有些重大事故也可采取刊登广告的形式检讨自己。通过总结检查，发现企业或组织在危机管理方面存在的薄弱环节，并将经验教训形成书面教材，教育企业或组织的员工，进而修正危机管理的计划，唤起全体人员对危机的重视。

 例文赏析

××集团危机管理方案

一、背景

在 3·15 晚会上，央视通报了××集团××分公司购入喂食瘦肉精的猪的事件，在全国引起了轩然大波，这是继三聚氰胺后的又一特大食品安全事件。××集团的市场份额迅速下降，各地区的销售几乎处于停滞的状态，××集团在消费者心中的形象受到巨大打击，经销商流失严重，公司销售额持续下降，遭到了前所未有的巨大损失。

二、事件分析

1. 瘦肉精的添加标准在中国并没有明确的规定，但是在国际上有统一的瘦肉精添加标准，这使中国的不法厂商有机可乘，相关的监管机构也无从监管，但在消费者的意识中，瘦肉精是不能添加在猪肉里的，这比国际标准要更严格。

2. 央视的 3·15 晚会是全国最权威、传播最广泛的保护消费者利益的节目，有其独特的优越性和强大的影响力。××集团瘦肉精事件在这样的节目中被曝光，已经充分说明了事件的严重性，应该引起集团内部的高度重视。

3. 不排除这是竞争对手的竞争行为，竞争对手故意利用此事件在社会上引起恐慌，从而达到不可告人的目的。

4. ××集团以前从未遇到过这样的危机，但是社会上却已经出现了多次类似的食品安全事件，成功的危机公关管理方案对××集团的危机公关有一定的借鉴意义。

三、危机管理方案

（一）对内

1. 即刻关闭违规的××分公司，召回不合格产品××集团高层此时应亲自出面，成立专门的事件调查小组，对整个事件进行详细的调查，及时关闭××分公司，对相关的涉案人员进行处理。调查小组应该从事件的源头开始调查，直到找出所有的涉案人员、召回所有的不合格产品为止。这是一个长期而痛苦的过程，但是集团公司此时不能徇私枉法，直到整个事件结束为止。

2. 对经销商、投资者和员工进行安抚

××集团应及时召开全体经销商、投资者和员工大会，对经销商及相关人员进行安抚，尽最大的努力保住企业原有的行销渠道，强调××集团的固有实力，使投资者和员工消除心中的阴影，重新树立信心。

（二）对外

1. 及时通报央视及相关媒体

这次危机应该引起集团高层的高度重视，应该不遗余力地进行宣传工作。建议：① ××集团和央视建立一个调查报告通道，每天向央视及时反映最新的事件调查处理情况，利用央视的宣传影响力和在消费者心中的权威地位，及时为集团公司重塑在消费者心中的形象；② 在全国各省电视台建立专门的节目，及时向社会通报瘦肉精事件的最新进展情况，并反复强调××集团致歉的诚意和做出的努力，并对消费者做出诸如赔偿、退货等有实际意义的承诺。

2. 与政府的相关监督部门建立合作关系

事件发生之后，公司在进行调查处理的同时，要及时与政府相关监督部门合作，主动接受政府部门的检查和处罚，对整改意见认真贯彻实施，并把政府部门的调查和处罚情况及公司做出的努力及时通报社会、通报消费者。

3. ××集团高层向社会致歉

对于此事件，××集团高层应该及时召开新闻发布会，向消费者表示诚挚的歉意和整改的决心。这件事情必须由××集团高层亲自出面，在对事件的后续通报中，××集团应该派出专人进行系统的通报，表示企业对该事件的重视程度，也就是对消费者的重视程度。

4. 制定切实可行的措施对消费者进行赔偿

5. 用实际行动践行对消费者的承诺

企业应该找到赔偿消费者的代表性事件，并尽可能多地收集对消费者赔偿的信息，及时通报社会，表示出企业对消费者足够的重视；充分利用媒体进行宣传，不间断地表示对消费者的重视和关心。

6. 调整广告和宣传策略

××集团应及时调整广告和宣传策略，重点应该深入事实，深入××集团内部，在承认错误的同时，强调××集团的固有实力、固有信誉和把消费者视为上帝的态度，要向全社会展示一个负责任、有实力的大公司的形象，及时重塑自己的形象。

7. 对整个事件进行持续的调查、处理和通报

具体的实施方案参见下文。

（三）具体实施方案

1. 即刻关停××分公司，致函央视

立即停产整顿是一种态度，更是对央视权威性的认可和尊重，因为央视在节目结尾有一句话"本台将继续追踪报道"，这是一种真正对消费者负责的表现。

致函央视的内容应着重体现以下几个方面：

① 向央视表明公司对此事件的重视，希望央视继续进行监督和后续报道。

② 通报公司采取即刻停产整顿××分公司的决定。

③ 邀请央视作为媒体监督，派记者进驻××集团总部和各分公司监督调查。停产和发函一定要在第一时间完成，哪怕是在深夜也要马不停蹄地去做，最迟在 3 月 16 日早晨让央视"3·15"专题组的负责人收到通报函。

2. 建议零售商暂时下架封存××分公司的产品，同时致函转载媒体

3 月 16 日转载央视报道的其他主流电视台、电台、报纸、网站等致函，通报××分公司

停产整顿的决定，同时通报××集团建议零售商下架封存××分公司产品的决定。力争使转载的主流媒体在报道结尾有这样一句话"目前××集团已致函本报，宣布即刻对××分公司停产调查"。

此举是为了安抚转载媒体，避免在无官方消息的情况下，媒体做出关于此事件对××集团不实的报道和评论。但在操作中一定要突出是"××分公司"，切不可使媒体误读为"××集团"或"××产品"。这两项工作应在 15 日夜迟至 16 日中午完成并不断跟进。

3. 申请农业部、卫生部对××集团所有子公司进行全面的瘦肉精检测

尽快出具检查报告（此举需××集团确定其他分公司无问题才可进行，否则会弄巧成拙）。同时，要时刻通报主流媒体特别是央视。

以上三项工作完成后，观望各方媒体的动向，同时还要特别注意网络媒体，应派出大量工作人员浏览各网站相关新闻及评论，浏览相关论坛的发帖、回帖，关注博客、微博各方人士的观点及评论。及时汇总这些信息报送最高决策层，根据不同反应，再做出下一步行动。

如果各方媒体及网络民意态度较平和，而且是按照××集团所发官方通报进行报道的话，此次公关活动跳至第 7 条。

如果各方媒体言辞激烈，网络上群情激奋，有不实报道和歪曲指责，甚至出现恶意引导舆论的苗头时，应立即采取以下行动。

4. 聘请网络公关公司；向所有主流媒体发出驻厂监督的邀请

当媒体和网络出现不实报道和恶意中伤的言论将使事件影响不可避免地被扩大，谣言和群众失控的愤怒会掩盖所有事实，因此有必要聘请网络公关公司引导舆情，网络公关公司要做到以下几点：

① 澄清事实，在论坛发帖、跟帖，微博中澄清只是××分公司可能有问题，同时说明××集团已经做出的行动。

② 反击谣言和恶意中伤，对恶意言论提出质疑：是否是竞争对手落井下石的行为？

③ 表达作为消费者对××集团的感情，引导网民关注××集团发展史，因为历史上××集团并没有发生不光彩的事件。表达对××品牌的信任，祝福××集团渡过难关。

聘请网络公关公司的意义在于他们能很好地把握和控制舆情，而且他们对网络传播的特点有更深刻的理解。但进行网络公关同时要注意以下几点：

① 要聘请资深的公关公司，最好是在危机公关事件中有过较好表现的。

② 引导舆论一定要以事实为依据，切不可过分吹捧。

③ 注意保密。

邀请所有主流媒体驻厂监督是向公众传达此次事件调查的公开、透明。

5. 召开新闻发布会；邀请消费者监督

在农业部、卫生部等机构做出初步调查结果时，立即召开新闻发布会，宣布调查结果，由董事长出面，向消费者代表鞠躬道歉。为表达最大诚意，董事长最好能鞠躬一分钟。但新闻发布会中必须突出此事件为总部对××分公司监管不力，声明对××分公司主要责任人的处理，宣布整改措施：如以后对所有收购的生猪进行瘦肉精检测等。

新闻发布会对消费者道歉后，向所有消费者发出入厂参观监督的邀请。宣布任何消费者均可向××集团提出入厂监督检查的申请，××集团每月将随机抽取 50~100 名消费者进入总部和各

分公司参观全部生产流程，消费者有权对任一流程提出异议并提交相关部门检测，费用全部由××集团承担。

6. 登报致歉，与媒体沟通

在新闻发布会召开当天或第二天，××集团可在各大报纸刊登致歉信，同时刊发权威机构的检测报告，声明××集团其他公司产品没有问题，恢复消费者信心。

将事件进展通报函发布范围扩大到各地方性主流媒体。力求媒体公正报道，在不是××分公司产品覆盖的地区，应登报声明产品合格。建议各零售商恢复上架销售并做较大规模的让利促销活动。

7. 发表《中国肉制品行业倡议书》

在初步评析瘦肉精事件后，××集团应再次召开新闻发布会，再次向消费者致歉，做出严格检查，永不再犯的承诺。在新闻发布会上发表《中国肉制品行业倡议书》，倡议全国所有肉制品企业严格自查，遵守国家标准，将消费者利益放在首位，做有良心的企业。此举是××集团诚恳认错的又一个表现，也是对企业龙头地位的巩固。

8. 监测舆情，正面引导

以上所有步骤完成并取得预期效果后，在一定时间内依然要时刻关注舆论动向，与媒体沟通，在网络上继续进行引导，逐步恢复消费者对肉制品的信心，重塑××品牌形象。

 拓展训练

请你上网搜集一些企业危机事件，并从中挑选一个具有代表性的危机事件，为解决这一事件策划一份危机管理方案。

 任务评价

危机管理方案拟写评分表

评价项目	评价要点	分值	自评	师评
内容	序曲部分简要、突出	10		
	具有预见性和可行性	10		
	正文符合企业实际情况	20		
	正文目标明确，任务分配合理	20		
结构	要素齐全	20		
	附录完整	10		
语言	语句通顺，无错别字，标点符号正确	10		
总　分		100		

任务三　调查报告

任务目标

　　知识目标：掌握调查报告的写作方法与结构。
　　技能目标：能熟练地拟写调查报告。

任务描述

　　调查报告是为解决问题而有目的地对客观事物进行深入细致的调查研究，并将其结果形成书面材料。它是建立在深入细致的调查、充分的事实材料、科学的分析方法、切合实际的结论和解决问题的办法等之上的书面报告。调查研究是人们认识事物的基本方法，调查就是了解和掌握客观存在的真实情况，搜集和占有事实材料；研究则是对调查所获取的客观情况和事实材料经过"去粗取精、去伪存真、由此及彼、由表及里"的分析，从中找出事物的内部联系和固有规律，引出科学的结论。通过本任务的学习，公关人员应掌握调查报告的基本写作结构，能够根据客观事实与数据，经过科学系统的分析研究得出结论，并撰写调查报告。

任务情景

　　在"互联网+"的时代大背景下，上网已经成为青少年获取知识、休闲娱乐、感情交流的主要渠道。那么，在青少年中网络资源是否真正得到了合理的利用呢？请你调查所在地中职学生日常上网的情况，完成一份调查报告。

任务分析

　　撰写调查报告，首先要通过科学的方法、认真负责的态度了解和掌握客观存在的真实情况，搜集占有事实材料。其次要对已掌握的数据和事实，加以客观分析，才能得出正确、有效的结论。

任务实施

　　调查报告的结构是：标题、正文和落款。

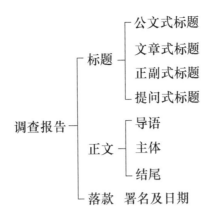

1. 标题

（1）公文式标题。这种调查报告的标题就像公文标题一样，由调查对象、调查内容和文种构成。这种标题比较清晰、直观。如"关于农村留守儿童生活和思想状况的调查"。

（2）文章式标题。又称新闻式标题，以简练的语言把调查报告的中心或主要内容直接提示出来，鲜明突出，形式灵活。如"校园畸形消费应引起高度重视"。

（3）正副式标题。又称双标题，正标题提示调查报告的思想意义，副标题表明调查的事项和范围。这是在实际中普遍使用的方式。如"旧时王谢堂前燕，飞入寻常百姓家——都市居民小康生活面面观"。

（4）提问式标题。即用提问的方式总结某一项工作经验，或揭露某一个问题。如"非典后人们改变了什么？"。

2. 正文

调查报告的正文一般由导语、主体、结尾三个部分组成。

（1）导语。调查报告的导语，又叫"前言"或"开头"。一般来说，调查报告常常在正文的前面写一段不加任何小标题的文字作为开头，类似消息中的导语概括说明以下几点内容。

① 有关调查本身的概况，诸如调查的起因或目的、时间、地点、对象或范围、经过与方法等。

② 有关调查对象的概况，如组织规模、有关背景、历史与现状、主要成绩或问题，以及事件形成的简单过程等。

③ 有关研究结果的概况，如肯定意义、指出影响、提示结论意见或点出报告的主要内容等。

开头起"提示"全文的作用，必须简明概括，以帮助读者正确、深刻地理解全文。

（2）主体是导语的引申和展开，是结论的根据所在，是正文的核心部分。包括基本情况、分析结论、建议措施等，要善于用典型材料、对比材料和数据说明观点，做到层次明、条理清、观点准，事实有力。

① 纵式结构。即按事物发生、发展的先后次序，依时间划分为几个阶段，一个阶段即一个层次，有助于读者对其发生、发展做全面而深入的了解。多用于以事物发展作为主线的调查报告，符合人们认识事物的客观规律。

② 横式结构。又称并列式，采用这种方式写作的调查报告的各部分内容是并列的关系，即把说明主题的材料分为相互并列的几部分来叙述。这种方式便于把调查结果分门别类地介绍给读者。

③ 综合式结构。即指在一篇调查报告中纵式和横式交错使用的一种结构方式，对于反映和表述某些头绪繁杂的事物，可起到纲目并举、条理清晰的作用。一般情况下，在叙述事实经过时用纵式结构，写认识和经验教训时采用横式结构。这样就能做到既有一条纵向的时间先后的线索，又能按问题分门别类地论述。这种结构写法灵活、富于变化，适用于反映复杂问题或事件的调查报告。

主体部分无论采取哪种结构方式，都要求写得具体、深刻，主次分明，详略得当，也可根据内容和需要，加上序号或小标题。

（3）结尾又叫"结论"，是调查报告的结束语，是在对调查的事实做了科学分析后的结语。不同内容的调查报告，结语的写法也各不相同。有的调查报告不写结语，内容写完就结束全文；有的则在结语中总结概括全文的主要观点，进一步深化主题；有的提出建议，引起注意；有的在结语中指出方向。这些都是作者对问题调查后，经过充分分析研究得出的结论。

3. 落款

署名和日期即是落款，是调查报告的一个组成部分，不容忽略。

署名，就是写作者的名，如是调查组，要写明是什么调查组，体现调查报告的权威性；如是个人，要写上姓名，必要时注明是什么人，以示文责自负。署名的位置一般在正文末尾下一行右侧，或标题之下。日期指调查报告的成文年、月、日，以示时效。

 **知识平台**

1. 调查报告的概念

调查报告是为解决问题而有目的地对客观事物进行深入细致的调查研究后写成的书面材料。它是建立在深入细致的调查、充分的事实材料、科学的分析方法、实际的结论及解决问题的办法等之上的书面报告。

调查报告是一种在现实生活中使用十分广泛的文体，它既是为决策服务的事务文书，也是报刊上常用的新闻文体，在经济领域里的市场调查报告、市场预测报告、经济分析报告等也都是调查报告的分支。

2. 调查报告的特点

（1）针对性强。调查报告围绕一个中心，从实际需要出发，有针对性地调查某一问题或事件，分析其规律，总结其经验教训，回答群众所关心的问题。这样调查报告才有实际效用。

（2）典型性强。调查报告的对象必须是典型的，是有典型意义的。这是发挥以点带面，指导一般所决定的。

（3）用事实说明道理。调查报告必须尊重事实，用事实说明道理，并且事实一定要真实。

如果调查报告都是抽象的概念、空洞的理论，就失去了调查报告的特性。

3. 调查报告的种类

调查报告使用范围十分广泛，表现形式、涉及内容也多种多样。因此，根据划分标准的不同，调查报告的种类也不同。

（1）从内容所涉及的范围分为：① 综合性调查报告；② 专题性调查报告。

（2）从调查的性质分为：① 社会情况调查报告；② 新生事物的调查报告；③ 典型经验调查报告；④ 揭露问题的调查报告；⑤ 考察历史事实的调查报告。

4. 调查的程序与方法

（1）写作前的调查研究。

① 准备工作包括：

a. 明确调查目的；b. 掌握相关知识；c. 确定范围；d. 制订计划；e. 设计调查问卷。

调查提纲大致包括以下内容：调查题目及目的要求；调查的具体项目及重点；调查的范围、地区及对象；调查的方式方法；调查的步骤、进程及时间安排；调查力量的组织与分工、工作制度、物资准备；其他。

② 调查的形式包括：

a. 开调查会。又称综合调查，是获取资料的重要方法。

b. 个别调查，重点访问。这是调查者与被调查者面对面交谈的方法。

c. 实地考察。又称现实观察，调查者一方面到实地进行观察，全面精细地观察事物的全貌及其各构成部分之间的关系；另一方面，是亲自参加实践，即置身于调查对象及其所处的环境之中，与调查对象打成一片。这是掌握第一手材料的最好方式。

d. 统计调查。这是运用统计学原理和方法，收集社会各方面的数据资料，并进行数据分析，研究社会现象的发生和发展规律、趋势，验证说明社会现象的理论假设。

e. 问卷调查。这是一种书面调查形式，即把要调查的问题分成若干项，印在表格里，让被调查者用简单的方式回答，再逐项统计。这种方式程序简单，节省时间，在调查中被广泛使用。

f. 抽样调查。这是通过调查部分对象来推断调查对象总体情况的调查方法，也是目前在调查时经常使用的一种方式。它要求调查者必须遵循一定的科学规则，才能达到省时省力，准确反映实际情况的目的。

 **例文赏析**

关于中职学生上网状况的调查报告

"互联网+"的时代大背景下，校园也走入了信息化发展的阶段。我校装备了计算机网络系统、多媒体教学系统、校园广播系统、闭路电视系统，使校园教学设施网络化，实现了教学手段的现代化。但中职学校的学生是否合理使用了网络资源呢？

（一）中职学生对网络的态度和相关行为的情况

1. 中职学生上网率极高，上网时间长

互联网以独特的魅力吸引着广大中职学生。调查显示，93.5%的中职学生表示对网络感兴趣，并有11.4%的中职学生认为"很长时间不上网是令人难以忍受的"。周末和节假日是中职学生上网的高峰时段。

2. 多数中职学生对在校上网的条件不满意，家长、教师呼吁改善网络学习条件

对于课余时间在校上网条件表示满意的中职学生只有19.4%。24.9%的中职学生表示在学校学会了上网技巧，而38.3%的中职学生则认为学校并没有把必要的网络学习技巧教给他们。同时，不少教师对于学校的网络资源现状，特别是现有资源的利用率表示不满意。根据教师的反映，校园网络设施和多媒体教学设备主要用于展示课件与开公开课，而未能充分运用于平时备课和课堂教学，更不能充分满足学生在校上网的需求。

3. 多数家长既赞成子女上网，又担心子女上网影响学业

对于子女上网，27%的家长持赞成的态度，反对的只有15.9%，大部分家长则表示顺其自然，但近半数的家长表示希望子女将来能从事与网络有关的工作。90%的家长认为网络最大的好处是"能使子女开阔眼界，增长见识，并掌握好电脑技巧"；同时，29.5%的家长还认为网络能促进子女的学习兴趣；只有11%的家长认为"网络没有任何好处和作用"；58.5%的家长表示，最不能接受的事是孩子上网会浪费时间，耽误学业。显然多数家长内心十分矛盾：既希望自己的子女能享受网络的好处，更怕子女因迷恋网络而荒废学业。此外，令家长深感焦虑的事还有：孩子浏览淫秽、反动、暴力信息，产生网恋，痴迷网络游戏，等等。

（二）网络环境对中职学生的影响

1. 网络环境对中职学生的积极影响

（1）中职学生使用互联网，透过网络的窗口，他们关注"家事、国事、天下事"，使视野空前开阔，全球意识增强，逐步适应"互联网+"的发展新形势，这对于中职学生今后走入竞争日趋激烈的世界，显然是大有好处的。

（2）互联网为中职学生学习提供了有利条件，拓宽了他们的视野。丰富的网络资源在一定程度上满足了中职学生进行探究性学习、研究性学习的需要。

（3）中职学生使用网络有助于扩大交往的范围，促进青春期心理的健康发展。网络上，微信、QQ、微博等把天涯海角、素不相识的人拉到"零距离"，在相互咨询、交谈、讨论、倾诉、请教的过程中，极大地满足了中职学生旺盛的表达欲、表现欲和社交欲。这对于舒解压力，保持青春期的心理健康有一定的好处。

（4）中职学生经常上网学习，能够激发对英语和现代科学技术的学习热情。

2. 网络环境对中职学生的负面影响

（1）网络信息垃圾使中职学生深受其害。

（2）中职学生迷恋网络对学业产生影响。

（3）网上聊天引发网恋。调查显示，6.7%的中职学生坦言自己有过"网恋"行为（实际比例会更多）。网恋中存在许多情感陷阱，中职学生往往是受害者。

（4）网络不良文化弱化了中职学生的道德意识。

（5）网吧管理乱象严重，给中职学生造成诸多影响。

（三）对策与建议

网络环境对中职学生德育工作提出了新的挑战，同时也提供了许多机遇。××同志在中央思想政治工作会议上强调："对于信息网络化问题，我们的基本方针是积极发展，加强管理，趋利避害，为我所用，努力在全球信息网络化的发展中，占据主动地位。"这是我们进行网络德育工作的指导思想。

我们建议：

1. 更新教育观念，推进学校网络德育工作的开展

第一，通过宣传和学习，使全体德育工作者转换观念，统一思想认识，抛弃"网络有害论"，消除"网络恐慌症"，充分认识到网络德育的重要性和网络在中职学生成长过程中的重要作用。

第二，重新定位学校德育的目标，把青少年的道德成熟度作为网络德育的首要目标，着力培养学生正确的道德价值观、判断力和自制力。

第三，重新设计学校德育的内容，在原有德育内容的基础上突出价值观教育，增强识别评价和选择道德信息的能力；注重道德意志力的训练，使学生的道德认识与行为实践统一起来；开设网络德育课程，强化学生的网络道德意识和网络责任感。

第四，利用计算机和网络技术，拓展德育的时间和空间。

2. 培养网络德育队伍，增强网络德育力量

第一，通过各种形式的培训、讲座和考核，使各级教育管理者、德育工作者，以及全体教师掌握网络基本知识、技能，并熟悉网络德育的运作方式和手段，学会使用常见的德育课件开发工具（如 Authorware、Director、Flash 等）。在讲求实效的前提下，改进和充实教师计算机考核的方式与内容，如增加教师利用网络开展道德工作的考核内容。

第二，选拔并培训一批思想政治素质高，网上沟通技巧好，具有丰富的网络经验和技能的专兼职网络德育工作者，由他们提供在线指导，帮助中职生在网络学习中解决各种心理、思想、学习等问题；同时，注意在网上收集整理有代表性的德育问题，向有关职能部门反馈，以加强德育工作的针对性。

3. 加强对中职学生进行网络道德和网络行为规范教育，自觉筑起心灵的"长城"

第一，加强以理想信念为主题的思想品质教育，用正确的人生观、世界观和价值观筑起心灵的"长城"，抵制网上各种不良思潮和有害信息的侵蚀。

第二，加强中职学生网络行为教育和安全教育。制定中职学生网络行为规范，加大宣传力度，提高自我保护意识和自我约束能力。

第三，组织中职学生统一浏览思想品德教育的主题主页，向学生推荐国内外诸多优秀学习网站，把中职学生的上网热情转化为自觉学习先进文化、陶冶高尚情操的动力。

 拓展训练

1. 调查报告的作用是什么？
2. 调查报告写作要求有哪些？
3. 在校内就同学们关心的校园问题展开调查，写一篇校内情况调查报告。要求同学分

成若干问题小组，事先设计好调查问卷，综合运用多种调查方式，最后形成报告。

 任务评价

调查报告拟写评分标准

评 价 项 目	评 价 要 点	分值	自评	师评
内容	材料真实、充分	20		
	观点、结论客观	10		
	调查数据翔实、内容真实	20		
	标题突出调查的重点	10		
结构	正文条理清晰、有序	20		
	落款正确	10		
语言	语句通顺，无错别字，标点符号正确	10		
总　　分		100		

参考文献

［1］张金英. 应用文写作基础（第二版）（文秘专业）［M］. 北京：高等教育出版社，2010.

［2］浙江省教育厅职成教教研室. 信息、文书与档案管理［M］. 北京：高等教育出版社，2014.

［3］孙宝水. 公共关系基础（第二版）（文秘专业）［M］. 北京：高等教育出版社，2010.

［4］杨俊. 新型公共关系实践教程（第2版）［M］. 北京：电子工业出版社，2015.

［5］叶茂康. 公共关系写作教程［M］. 上海：复旦大学出版社，2003.

［6］王洪运. 应用文写作［M］. 北京：人民邮电出版社，2013.

［7］杨文丰. 高职应用写作（第三版）［M］. 北京：高等教育出版社，2014.

［8］张鹏振，侯江. 应用写作实用教程［M］. 北京：科学出版社，2007.

［9］向国敏. 公共关系写作［M］. 北京：首都经济贸易大学出版社，2009.

［10］金常德. 常用公关文案写作规范与实例［M］. 广西：广西人民出版社，2012.

郑重声明

高等教育出版社依法对本书享有专有出版权。任何未经许可的复制、销售行为均违反《中华人民共和国著作权法》，其行为人将承担相应的民事责任和行政责任；构成犯罪的，将被依法追究刑事责任。为了维护市场秩序，保护读者的合法权益，避免读者误用盗版书造成不良后果，我社将配合行政执法部门和司法机关对违法犯罪的单位和个人进行严厉打击。社会各界人士如发现上述侵权行为，希望及时举报，本社将奖励举报有功人员。

反盗版举报电话　（010）58581999　58582371　58582488

反盗版举报传真　（010）82086060

反盗版举报邮箱　dd@hep.com.cn

通信地址　北京市西城区德外大街 4 号　高等教育出版社法律事务与版权
　　　　　管理部

邮政编码　100120